制胜

新媒体运营与推广

李 军 ◎ 编著

清华大学出版社
北 京

内 容 简 介

本书以通俗易懂的语言、精挑细选的实用技巧、翔实生动的经典案例分析，以图文并茂的方式，全面介绍了新媒体运营与推广的基础知识，内容包括新媒体运营基础、新媒体内容运营与活动策划、新媒体图文设计、H5动画与短视频处理、微博运营与推广、微信运营与推广、社群运营与实用技巧、吸粉与粉丝运营、新媒体营销策略等方面的知识、技巧和案例分析。书中既有详细、全面的实际操作方法，又有真实案例剖析，并配有很多实用技巧和运营经验，具有很强的实用性和学习性。

本书既可以作为企业新媒体营销人员的学习用书，也可以作为各大院校市场营销类、企业管理类、电子商务类、新媒体传媒类专业的新媒体营销课程的教学用书。

本书封面贴有清华大学出版社防伪标签，无标签者不得销售。
版权所有，侵权必究。举报：010-62782989，beiqinquan@tup.tsinghua.edu.cn。

图书在版编目(CIP)数据

制胜：新媒体运营与推广/李军编著. —北京：清华大学出版社，2021.9
ISBN 978-7-302-58819-1

Ⅰ.①制… Ⅱ.①李… Ⅲ.①传播媒介—运营管理 Ⅳ.①G206.2

中国版本图书馆 CIP 数据核字(2021)第 155882 号

责任编辑：魏　莹
封面设计：李　坤
责任校对：周剑云
责任印制：杨　艳

出版发行：清华大学出版社
网　　址：http://www.tup.com.cn，http://www.wqbook.com
地　　址：北京清华大学学研大厦 A 座　　邮　编：100084
社 总 机：010-62770175　　邮　购：010-62786544
投稿与读者服务：010-62776969，c-service@tup.tsinghua.edu.cn
质量反馈：010-62772015，zhiliang@tup.tsinghua.edu.cn

印 装 者：小森印刷霸州有限公司
经　　销：全国新华书店
开　　本：170mm×240mm　　印　张：17.5　　字　数：308 千字
版　　次：2021 年 9 月第 1 版　　印　次：2021 年 9 月第 1 次印刷
定　　价：65.00 元

产品编号：086950-01

前言

移动互联网的发展,不仅促进了报纸、电视等传统媒体的转型,也催生了新媒体的出现。在新媒体迅速发展的当下,各大行业的参与者也开始采用新的营销手段来提升自身的影响力。当下,媒体形态越来越多元化,新媒体的内涵与形式得到了极大的丰富,不仅有论坛、贴吧、门户网站、视频网站等相对传统的新媒体,还出现了社交媒体、直播平台、短视频平台等新媒体。无论是在传统网络时代,还是在移动互联网时代,网络营销代替传统营销一直都是趋势,只是营销的方式或工具在发生着变化。

本书在编写过程中根据初学者的学习习惯,采用由浅入深、由易到难的方式讲解,为读者快速学习提供了一个全新的学习和实践操作平台,无论是基础知识安排还是实践应用能力的训练,都充分考虑了读者的需求,让读者的理论知识与应用能力快速同步提高。全书结构清晰,内容丰富,主要内容包括以下 6 个方面。

1. 新媒体运营基础

本书第 1 章,介绍了新媒体运营基础的相关知识,包括认识新媒体、新媒体从业人员的基本素质、企业新媒体运营的要素、新媒体平台的盈利模式、策划新媒体活动运营、新媒体营销推广的操作步骤等方面的知识及相关的运营与推广经验。

2. 新媒体内容运营与活动策划

本书第 2 章,介绍了新媒体内容运营与活动策划的相关知识,包括新媒体内容运营的核心与技巧、新媒体内容运营的重要步骤、打造新媒体超高阅读量、新媒体活动运营技巧、新媒体活动文案运营等方面的知识及相关的运营与推广经验。

3. 图文设计、动画、短视频处理

本书第 3～4 章,介绍了新媒体图文设计、动画、短视频处理的相关方法,包括新媒体图片处理、新媒体图文排版、新媒体 H5 制作、短视频处理等方面的相关知识及制作处理技巧。

4. 微博、微信、社群运营技巧

本书第 5～7 章,介绍了微博、微信、社群的运营与推广技巧,包括微博运营与推广、微信运营与推广、社群运营与实用技巧。

5. 吸粉与粉丝运营

本书第 8 章,介绍了吸粉与粉丝运营的相关知识,包括粉丝经济简述、粉丝经济的重要结构、吸引粉丝的诀窍、增加粉丝的策略、粉丝运营等方面的知识与实战

经验。

6. 新媒体营销策略

本书第 9 章，介绍了新媒体营销策略的方法，主要包括新媒体品牌营销策略、新媒体广告营销策略、新媒体短视频营销策略，以帮助读者快速掌握运营新媒体的技巧，学以致用。

本书由文杰书院李军组织编写，参与本书编写工作人员的有袁帅、文雪、崔晓贵、张春梅、蒋新丹等。

我们真切地希望读者在阅读本书之后，可以开阔视野，增长实践操作技能，并从中学习和总结操作的经验和规律，达到灵活运用的水平。鉴于编者水平有限，书中纰漏和考虑不周之处在所难免，热忱欢迎读者予以批评、指正，以便我们日后能为您编写更好的图书。

编 者

目录

第1章 新媒体运营基础 1

1.1 认识新媒体 2
- 1.1.1 什么是新媒体 2
- 1.1.2 理解新媒体运营范畴 3
- 1.1.3 新媒体与自媒体的区别 5

1.2 新媒体从业人员的基本素质 6
- 1.2.1 能抓准最近热点,创造焦点话题,拥有"网感" 6
- 1.2.2 扎实的内容创作能力 7
- 1.2.3 吃透目标用户群体的心思 7
- 1.2.4 用数据分析代替经验判断 7
- 1.2.5 善于捕捉创意的策划能力 7

1.3 企业新媒体运营的要素 8
- 1.3.1 抓住用户核心需求 8
- 1.3.2 实现内容价值转化 9
- 1.3.3 优化运营整体方案 10
- 1.3.4 搭建运营团队架构 11

1.4 新媒体平台的盈利模式 12
- 1.4.1 在自媒体内容中穿插广告 12
- 1.4.2 利用自身品牌的影响来做电商 13
- 1.4.3 通过对内容付费来获取收益 13

1.5 策划新媒体活动运营 14
- 1.5.1 准备工作 14
- 1.5.2 活动策划阶段 15
- 1.5.3 活动执行阶段 18
- 1.5.4 活动总结 19

1.6 新媒体营销推广的操作步骤 20
- 1.6.1 制定营销目标 20
- 1.6.2 精准粉丝引流 21
- 1.6.3 品牌传播推广 24
- 1.6.4 PR(公共关系) 24
- 1.6.5 文案策划包装 25
- 1.6.6 团队搭建及岗位描述 26
- 1.6.7 绩效考核 29

第2章 新媒体内容运营与活动策划 31

2.1 新媒体内容运营的核心与技巧 32
- 2.1.1 内容运营的定义 32
- 2.1.2 内容运营的核心环节 33
- 2.1.3 提升内容运营的效果 34
- 2.1.4 策划长内容,提升用户转化率 35
- 2.1.5 设计短内容,优化运营效果 35

2.2 新媒体内容运营的重要步骤 36
- 2.2.1 内容规划 36
- 2.2.2 内容生产 37
- 2.2.3 内容运营 38
- 2.2.4 内容传播 40

2.3 打造新媒体超高阅读量 42
- 2.3.1 强调个性,贵在坚持 42
- 2.3.2 学会模仿,巧立标题 43
- 2.3.3 懂得甄别,重点突破 44
- 2.3.4 内容选择,掌握方法 45
- 2.3.5 掌握原则,获得推荐 46
- 2.3.6 善用手段,促进传播 47

2.4 新媒体活动运营技巧 48
- 2.4.1 活动运营细则的5个要素 48
- 2.4.2 撰写活动背景的技巧 51

2.4.3 有效提升用户参与度 52
2.5 新媒体活动文案运营 55
 2.5.1 新媒体活动文案的组成和要求 55
 2.5.2 文案写作的方法和要求 60
 2.5.3 文案写作的逻辑思维技巧 63
 2.5.4 文案常见的表现手法 65

第3章 新媒体图文设计 69

3.1 新媒体图片处理 70
 3.1.1 新媒体封面图的获取与制作方法 70
 3.1.2 设计信息长图 85
 3.1.3 绘制 icon 图标 90
 3.1.4 制作九宫格图 94
 3.1.5 制作 GIF 图 98
 3.1.6 生成与美化二维码 108
3.2 新媒体图文排版 111
 3.2.1 新媒体图文排版中文字的视觉表达 111
 3.2.2 应用排版插件 119
 3.2.3 创意字的设计 120

第4章 H5 动画与短视频处理 125

4.1 新媒体 H5 制作 126
 4.1.1 H5 的概念 126
 4.1.2 引起 H5 传播的心理诱因 127
 4.1.3 H5 动画的类型 128
 4.1.4 H5 动画的页面设计 129
 4.1.5 H5 动画素材收集 135
4.2 短视频处理 138
 4.2.1 短视频概述 138
 4.2.2 短视频的制作 138
 4.2.3 短视频的推广 148

第5章 微博运营与推广 165

5.1 认识微博营销 166
 5.1.1 微博的特点 166
 5.1.2 微博营销的价值 166
5.2 微博营销策略 168
 5.2.1 基本设置技巧 168
 5.2.2 推广内容技巧 170
 5.2.3 标签设置技巧 171
 5.2.4 提高粉丝技巧 173
 5.2.5 互动营销技巧 173
 5.2.6 品牌营销技巧 174
 5.2.7 硬广告技巧 175
 5.2.8 话题营销技巧 175
5.3 微博运营的常见误区 177
 5.3.1 营销信息展示碎片化 177
 5.3.2 将微博平台作为唯一的营销渠道 178
 5.3.3 对微博发布内容漫不经心 178
 5.3.4 认为每天发帖就算完成运营任务 179
 5.3.5 片面追求流量，而不顾实际的宣传效果 179
5.4 "百万蓝 V 微博总教头"——海尔官方微博 180

第6章 微信运营与推广 185

6.1 认识微信营销 186
 6.1.1 什么是微信营销 186
 6.1.2 微信营销的特点 186
 6.1.3 微信营销的基本原则 188
 6.1.4 微信营销的现状 189
 6.1.5 运营微信的意义 190
6.2 微信推广运营的方法 192

- 6.2.1 微信公众号做好内容定位 192
- 6.2.2 微信尽快完成认证 192
- 6.2.3 灵活利用所有线上线下推广渠道 192
- 6.2.4 搭建自定义回复接口 193
- 6.2.5 策划大量有奖互动活动 193
- 6.3 微信营销策略 193
  - 6.3.1 树立良好口碑 193
  - 6.3.2 打破文字营销的束缚 194
  - 6.3.3 丰富营销内容、合理推送频率 194
  - 6.3.4 注重"意见领袖型"营销 195
  - 6.3.5 利用微信打造企业"一条龙"服务平台 195
  - 6.3.6 完善售后服务 195
- 6.4 微信运营的常见误区 195
  - 6.4.1 只管涨粉而不顾粉丝质量 196
  - 6.4.2 不经常互动,以错误的方式互动 196
  - 6.4.3 微信订阅号使用不当 197
  - 6.4.4 过度推送营销信息 197
  - 6.4.5 胡乱编写内容 198
  - 6.4.6 让朋友圈成员的注意力更加分散 198
  - 6.4.7 微信宣传手法单一化 199
  - 6.4.8 盲目开发新的功能 199
- 6.5 刷爆朋友圈的YSL星辰口红 200

第7章 社群运营与实用技巧 203

- 7.1 认识社群运营 204
  - 7.1.1 什么是社群运营 204
  - 7.1.2 构成社群的5个要素 205
  - 7.1.3 社群运营的特点 209
  - 7.1.4 社群运营的优势 212
  - 7.1.5 社群运营的方式 214
- 7.2 社群管理 215
  - 7.2.1 日常管理 215
  - 7.2.2 促活管理 217
  - 7.2.3 裂变管理 220
- 7.3 社群变现 225
  - 7.3.1 社群变现模式 225
  - 7.3.2 社群变现路径 228

第8章 吸粉与粉丝运营 231

- 8.1 粉丝经济简述 232
  - 8.1.1 新媒体时代下的粉丝经济 232
  - 8.1.2 粉丝互动的特点 232
- 8.2 粉丝经济的重要结构 233
  - 8.2.1 社会资本与信任关系 233
  - 8.2.2 自组织网络与口碑推荐 234
  - 8.2.3 互惠关系与消费者驱动的C2B 236
  - 8.2.4 社交对话与虚拟自我 236
- 8.3 吸引粉丝的诀窍 237
  - 8.3.1 找准目标消费群体 237
  - 8.3.2 精致的内容和互动 238
  - 8.3.3 做活动快速吸引粉丝的关注 238
  - 8.3.4 通过游戏进行充满趣味的植入营销 239
  - 8.3.5 通过认证微信让商家获取粉丝的信任 240
  - 8.3.6 提炼二次营销的能力 241
  - 8.3.7 一对一的个性化营销 241
- 8.4 增加粉丝的策略 242
  - 8.4.1 微博群发 242

- 8.4.2 微信摇一摇 242
- 8.4.3 更换头像 243
- 8.4.4 广告扫一扫引流 243
- 8.4.5 活动推广 244
- 8.4.6 合作互推 245
- 8.4.7 传统媒体推广 245

8.5 粉丝运营 246
- 8.5.1 使用网络工具，增强粉丝凝聚力 246
- 8.5.2 加强与粉丝的互动，增加粉丝的基础 246
- 8.5.3 互联网时代，如何运营好自己的粉丝 247
- 8.5.4 百万粉丝的运营秘诀 249
- 8.5.5 超越粉丝的期望值，真正地打动粉丝 249
- 8.5.6 电商营销如何玩转粉丝运营 250

第9章 新媒体营销策略 253

9.1 新媒体品牌营销策略 254
- 9.1.1 新媒体环境下的品牌传播变化 254
- 9.1.2 新媒体时代品牌营销传播的特点 255
- 9.1.3 新媒体在品牌营销上的优势 256
- 9.1.4 新媒体时代品牌营销传播中存在的问题 258
- 9.1.5 新媒体环境下品牌营销存在问题的解决对策 259
- 9.1.6 利用新媒体进行品牌营销 260

9.2 新媒体广告营销策略 262
- 9.2.1 新媒体广告的主要特点 262
- 9.2.2 新媒体在广告营销中的应用 263
- 9.2.3 新媒体广告的营销策略 264

9.3 新媒体短视频营销策略 265
- 9.3.1 短视频营销概述 265
- 9.3.2 短视频营销的特点 266
- 9.3.3 短视频营销方式 267
- 9.3.4 国内短视频营销的现状及问题 268
- 9.3.5 短视频营销的策略 269
- 9.3.6 短视频营销展望及建议 271

第 1 章　新媒体运营基础

　　本章介绍了认识新媒体、新媒体从业人员的基本素质、企业新媒体运营的要素、新媒体平台的盈利模式、策划新媒体活动运营等方面的知识与技巧，同时还讲解了进行新媒体营销推广的操作步骤。通过本章的学习，读者可以掌握新媒体运营方面的基础知识，为深入学习新媒体运营与推广知识奠定基础。

1.1 认识新媒体

本节导读　移动互联网的发展,不仅促进了报纸、电视等传统媒体的转型,也催生了新媒体的出现。新媒体作为一种新的媒体形态应运而生。它不仅对传统媒体产生了很大的冲击,也为其他行业的发展提供了新的营销平台。本节将详细介绍新媒体的基础知识。

1.1.1 什么是新媒体

随着计算机网络与通信技术的不断发展,媒体形态越来越多元化,新媒体的内涵与形式得到了极大的丰富,不仅有论坛、贴吧、门户网站、视频网站等相对传统的新媒体,还出现了社交媒体、直播平台、短视频平台等新媒体。

目前,对新媒体的定义主要包括以下两个方面,如图1-1所示。

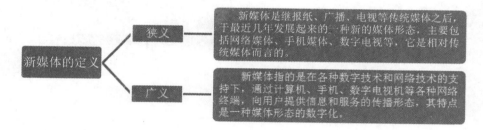

图1-1

实际上,新媒体可以被视为新技术的产物,数字化、多媒体、网络等最新技术均是新媒体出现的必备条件。新媒体诞生以后,媒介传播的形态就发生了翻天覆地的变化,诸如地铁阅读、写字楼大屏幕等,都是将传统媒体的传播内容移植到了全新的传播空间。这种变化包含如下几个技术元素。

- 数字化的出现使大量的传统媒体加入到了新媒体的阵营,这一改变主要呈现为媒体的技术变革,不论是内容存储的数字化,还是传播的数字化,都大幅度提升了媒介的传播效率。
- 媒介形态也因新技术的诞生而呈现多样化,网络电视、网络广播、电子阅读器等均将传统媒体的内容移植到了新的媒介平台上。

总之,相比传统媒体来说,新媒体更偏重于为受众提供个性化的服务。在注重个性化的同时,它也为传播者和受众提供了一个可以交流的平台。微博、微信等都属于新媒体的具体表现形态。

以数字技术为代表的新媒体，最大特点是打破了媒介之间的壁垒，消融了媒体介质之间，地域、行政之间，甚至传播者与接收者之间的边界。新媒体还表现出以下几个特征。

1. 媒体个性化突出

由于技术的原因，以往所有的媒体几乎都是大众化的。而新媒体却可以做到面向更加细分的受众，如可以面向个人，个人可以通过新媒体定制自己需要的新闻。也就是说，每个新媒体受众手中最终接收到的信息内容组合可以是一样的，也可以是完全不同的。这与传统媒体受众只能被动地阅读或者观看毫无差别的内容有很大不同。

2. 受众选择性增多

从技术层面上讲，在新媒体那里，人人都可以接收信息，人人也都可以充当信息发布者，用户可以一边看电视节目，一边播放音乐，同时参与对节目的投票，还可以对信息进行检索。这就打破了只有新闻机构才能发布新闻的局限，充分满足了信息消费者的细分需求。与传统媒体的"主导受众型"不同，新媒体是"受众主导型"，受众有更大的选择权，可以自由阅读，可以放大信息。

3. 表现形式多种多样

新媒体形式多种多样，各种形式的表现过程比较丰富，可融文字、音频、画面于一体，做到即时地、无限地扩展内容，从而使内容变成"活物"。从理论上讲，只要满足计算机条件，一个新媒体即可满足全世界的信息存储需要。除了大容量之外，新媒体还有"易检索性"的特点，可以随时存储内容，方便查找以前的内容和与之相关的内容。

4. 信息发布实时

与广播、电视相比，只有新媒体才真正具备无时间限制，随时可以加工发布的优势。新媒体采用强大的软件和网页呈现内容，可以轻松实现24小时在线。

新媒体交互性极强，独特的网络介质使得信息传播者与接收者的关系走向平等，受众不再轻易受媒体的"摆布"，而是可以通过新媒体的互动，发出更多的声音，影响信息传播者。

1.1.2 理解新媒体运营范畴

微博、微信的出现与发展使整个互联网世界发生了巨变，这种巨变的后果就是个人自媒体或企业自媒体数量暴增，其发挥的作用越来越大，吸引了无数企业的关注。

纵观各类自媒体大 V，其影响力及在传播方面发挥的作用远超很多传统媒体，给很多转型不力的传统媒体造成了较大冲击。

在传统的互联网环境中，企业使用得最多的推广模式是网络推广，该模式具有低频更新、高频互动的特点；现如今，在新媒体环境中，新媒体推广成为企业运用最多的推广模式，这种模式具有高频内容营销、实时互动推广的特点。

粉丝数量关系到企业的用户价值，甚至直接影响资本市场对企业价值的评估。从这个方面来看，对企业来说，新媒体价值很大，新媒体运营的重要性不言自明。谈及企业的新媒体运营，很多人理所当然地认为是用企业的微信、微博经常发布一些内容、信息，进行网络直播，制作新媒体海报在朋友圈转发、推广，让更多的人知晓产品信息和品牌信息。事实上，企业的新媒体运营没有这么简单。从本质来讲，企业的新媒体运营是一种品牌营销思维与市场营销思维，无论是微博运营还是微信运营，都只是一种途径。企业新媒体运营涵盖的内容非常丰富，包括内容生产、新媒体活动策划、产品创新、产品 IP 化推进、用户在线服务与运营等。因此，企业要想了解新媒体的运营逻辑，就必须明确新媒体的运营范畴。

1. 新媒体平台管理运营

新媒体平台管理运营包含的内容非常丰富：微信公众号、企业微博及各类综合运营工具；企业管理者与重要人物的社交平台；自媒体平台和内容分发模式；优酷、爱奇艺等视频平台自频道；喜马拉雅等网络电台；互联网社群平台；互联网传播活动平台；短视频与在线直播平台；VR(Virtual Reality，虚拟现实技术)、AR(Aug-mented Reality，增强现实技术)等互联网新技术。

2. 内容营销服务

企业新媒体提供的内容营销服务包括打造企业品牌、发布产品信息；塑造企业管理者的 IP 影响力；为企业用户提供即时、有效的服务；挖掘产品的服务特性，推动产品迭代升级等。

3. 企业新媒体运营的方法

企业新媒体运营的方法主要包括以下几个方面：构建以微信、微博、App 为核心的新媒体矩阵，实现用户体验的升级；基于新媒体的用户运营与服务；为企业产品的开发提供人力资源、市场销售、行政运营等多个维度的支持；开展与互动营销、内容营销、事件营销有关的线上营销活动。

1.1.3 新媒体与自媒体的区别

现如今，随着新媒体的不断发展，很多行业都会利用这个平台展开营销之战。此外，也有很多商家会利用自媒体平台进行宣传推广。也许有人会问，在进行营销时，到底是利用新媒体比较好还是利用自媒体比较好？作为企业或商家，首先要对新媒体与自媒体进行一定的了解，这样才能选择更适合自己的方式。

自媒体可以说是一种个人媒体，是一种利用电子媒介向他人或特定的某个人传递信息的新媒体。自媒体一般具有私人化、平民化的特点，因此，人人都可以成为自媒体人。

简单来说，自媒体就是人们用来发布自己所见所闻的主要渠道，包括微博、微信、贴吧、论坛等。企业或商家也可以利用这些渠道进行宣传推广，从而进行自媒体营销。

新媒体和自媒体的区别主要表现在以下几个方面。

1. 概念不同

新媒体是相对传统媒体衍生出的概念。传统媒体，指的是报纸、杂志、电视、广播等。区别于这些媒体的就称之为"新媒体"，比如，门户网站(网易、新浪、腾讯、搜狐)、新闻客户端(今日头条)、视频网站(优酷、爱奇艺)、微信、网红直播平台、短视频平台、信息交易平台等。

自媒体，通常为个人或者小的团队开通的媒体号，依托于微信、微博、头条号、UC号、大鱼号、企鹅号等。

2. 运营角度不同

新媒体一般用来打造企业品牌形象，靠企业的官网、公众号进行延伸拓展，一般对应的是订阅者和用户。自媒体用于打造个人品牌形象，通过各种新媒体平台进行传播，对应的是粉丝。

3. 内容来源不同

新媒体内容来源于门户网站、大型信息平台、视频网站、小说平台。有些是平台自己制造，有些是由会员管理产生。而自媒体都是基本由运营者提供。

4. 盈利模式不同

新媒体旨在打造一个可以给别人提供信息交流和互动的平台，通过会员、广告位、信息费等方式产生利润。而自媒体旨在打造一个有黏度和个人魅力的形象，通过软文、广告产生利润。

1.2 新媒体从业人员的基本素质

本节导读　不知不觉间,新媒体从业人员一下子被冲到了风口浪尖,企业或商家要进行新媒体运营的话,必然选择一些适合这些岗位的人才,这就需要对新媒体人员的基本素质进行相应的了解。本节将详细介绍有关新媒体从业人员所需的基本素质。

1.2.1 能抓准最近热点,创造焦点话题,拥有"网感"

新媒体运营者需要制造热门话题,带动一大群社交媒体与你一起互动,共同增长人气,将影响力传入自己粉丝中的朋友圈,形成裂变式传播。要实现这个目标,离不开"网感"。

各类用户群体感兴趣的话题并不一致,所以没有"网感"的运营者根本无法捕捉大众感兴趣的交汇点。从某种意义上说,"网感"是否敏锐决定了一个新媒体运营者的发展潜力大小。

无论你是以制作内容为主的新媒体从业者,还是以营销推广为主的新媒体从业者,都应该努力培养自己的"网感"。确切地说,就是每天从海量信息中捕捉到网络舆论的发展方向,找出会引发全民热议的信息,然后主动引导话题。

培养"网感"要充分理解自己的品牌属性,还要熟悉人性和传播学知识。学习方式没有什么特别的,就是不断地研究互联网上的信息,特别是那些忽然变成舆论热点的事情。这些热门事件也许出现在人们的意料之外,但必然在情理之中。微博热搜榜上一般都会发布一些网民关注的热点,如图1-2所示。

图1-2

1.2.2 扎实的内容创作能力

一个新媒体平台能否运营下去，关键在于它有没有用户需要的内容。在这个人人都能成为自媒体的时代，处处充满了创意，天天都有新内容。新媒体用户无法全盘吸收海量的信息，只能挑选自己最感兴趣的内容。如果你能成为相关内容的长期制作者，他们就会成为你的长期关注者(俗称"粉丝")，所以新媒体从业者一定要有原创写文章的能力，文章内容要有干货。

1.2.3 吃透目标用户群体的心思

一名优秀的新媒体运营者应当吃透目标用户群体的心理特点。他们的小心思里潜藏着商机，也包裹着风险。一旦不能如意，他们就会暴跳如雷，如同海上的天气一样说变就变。因此，运营者应当注意以下新媒体用户常有的一些消费心理，如求实心理、求美心理、求新心理、求利心理、求名心理、从众心理等，并具有一些用户心理分析的基本能力。

1.2.4 用数据分析代替经验判断

大数据技术的出现为新媒体产业发展注入了新的动力。通过大数据分析，企业可以从海量信息中迅速提取决策所需的数据分析报告。尽管大数据分析无法收集所有的有价值的情报，但是它对用户行为及市场动态的统计分析和营销活动有着不可替代的重要意义。总体而言，大数据分析的价值主要体现在以下几点。

- 用来分析用户行为特征，筛选高价值的优质客户。
- 总结用户需求，进而为调整营销计划提供依据。
- 可以根据用户数据来检测自己品牌的口碑情况，加强新媒体的运营管理。
- 分析市场动向，帮助我们把握住市场新变化。

所以，作为新媒体从业人员还要学会分析用户的各种特性，从而得到更有利的营销手段。

1.2.5 善于捕捉创意的策划能力

在新媒体时代大行其道，靠的是出其不意的创意。新媒体运营者想要做出有特色的品牌，离不开丰富多彩的创意。在这个人人都是自媒体的时代，最不缺的就是有创意的点子，但能把点子转化为操作方案的人少之又少。对新媒体运营者而言，自己想不出创意还可以求助那些具有奇思妙想的用户，做不好策划才是真正的重大缺陷。

越是优质的内容，越需要运营者精心策划，否则无法形成爆款话题，怎样设计文案？怎样组织互动活动？将内容推送给哪个用户群体？在什么时机推送内容？如何引导粉丝舆论？如何植入此时的热点话题？如何进行用户反馈效果分析？如何选择最利于推广内容的合作平台？这些都是策划者需要考虑的问题。

1.3 企业新媒体运营的要素

本节导读　自从微博、微信这类新媒体进入我们的生活之后，所有的网络平台几乎都在发生着巨大的改变，尤其是以个人或者企业模式出现的自媒体大行其道。那么，企业新媒体怎样运营才能真的有效呢？本节将详细介绍新媒体运营的一些要素知识。

1.3.1 抓住用户核心需求

虽然很多新媒体运营人员都在谈论定位的重要性，但是很多企业的新媒体运营没有明确定位，而且风格多样，时而严肃，时而幽默，时而深沉又内敛，视觉格式、内容风格、图片方向无一不给人一种混乱的感觉，这就是新媒体运营人员没有定位的表现。这里说的定位，是运营人员的自身风格定位，而非产品定位。

当然影响运营人员定位的因素有很多，比如新媒体服务的用户、新媒体运营主要的表现形式与目标、企业视觉与新媒体视觉演化、新媒体覆盖的平台及平台的特性、企业的新媒体运营能力及其在企业中的价值等，如图 1-3 所示。因此，新媒体运营人员要从多方面考虑，但最重要的是实现新媒体的目的。

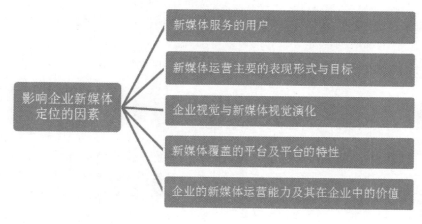

图 1-3

以支付宝的微信公众号为例。支付宝的微信公众号之所以能吸引海量的粉丝关注，能无所顾忌地和用户开玩笑，轻松地发表内容、表达观点，就是因为作为一种支付工具，支付宝早已拥有海量粉丝，其开通微信公众号就是为了与粉丝互动，做好粉丝维护，体现市场公关的价值。虽然支付宝的这种公众号运营方式取得了很好的效果，但是如果企业的新媒体定位与支付宝不同，最好不要模仿。

如果某企业的核心业务是快消品营销，那么该企业就要主动将产品拿出来，借助其核心优势与价值模式进行包装，将其优势与价值通过新媒体表现出来，这就是电商逻辑型定位。

企业新媒体平台的属性不是由企业属性或该媒体的运营逻辑决定的，而是由这个新媒体要实现的具体功能属性决定的。以小米手机的微信公众号为例，该公众号发布的很多内容与情怀、生活价值观有关，也为手机用户提供各种服务。那么，影响这个公众号定位的因素是什么呢？最关键的因素不是企业自身的推广与产品销售，而是决策者的运营目的。

1.3.2 实现内容价值转化

策略指的是实施新媒体运营与管理的方针，以新媒体定位为前提，新媒体运营策略看起来价值不大，但其价值在新媒体产品结果表达方面实实在在地体现了出来。

近年来兴起了一种全新的新媒体运作模式——垂直媒体聚合模式，采用该模式运营的新媒体有一点资讯、今日头条等。如今，这些聚合类媒体平台的流量入口价值与用户入口价值正在逐渐显现。在这种情况下，对企业来说，构建多媒体分发平台是一项重要举措。那么，新媒体内容分发模式该如何理解呢？简单来说，新媒体内容分发就是借助手机，通过内容营销，选择用户聚集量大的平台发布自己的诉求，推动企业品牌内容塑造传播的目的得以实现。

另外，企业新媒体内容有很多生产模式。一般来说，除了让企业自有的新媒体运营人员生产内容，企业还可以构建社群，鼓励粉丝生产内容。对企业品牌传播来说，这种内容生产方式更有价值。当然，企业要想将这种内容生产方式的价值充分发挥出来，必须先让企业新媒体实现高效运营。

在新媒体营销策略选择方面，新媒体营销策略的选择与构建不是简单地聚焦某个领域的特点，而是要以公司实际运营与产品营销模式为逻辑来实现。例如：快消品为了提供专业的内容营销策略与传播来实现产品价值、提升社会的认知度、增加产品销量，通常要构建内容资讯+电商+整合营销这种新媒体形态。

在覆盖面与深度价值方面，传统媒体与新媒体有一定的差距。一般来说，传统媒体的影响力与覆盖面要比新媒体大很多，尤其是社会资源类的传统媒体。但在传播内容深度与有效价值生产方面,新媒体要比传统媒体做得好。

因此,在传播过程中,企业要充分利用外部大媒体平台的流量优势让自己的入口价值得以实现,同时将新媒体在深度用户运营方面的能力充分发挥出来,将粉丝与企业营销效益绑在一起。另外,企业还要围绕内容营销构建新媒体运营生态,打造企业IP,构建实现新媒体与用户价值的利益共享机制等。在选择运营策略时,新媒体可以借鉴这些做法。

总之,对于拥有不同运营目标的各个企业来说,要想达成新媒体运营的核心目标,企业必须对内容渠道、价值促销这个链条进行持续优化,使其价值与功能不断增强。

1.3.3 优化运营整体方案

近年来,新媒体运营是一个被普遍讨论的话题,但是真正能做好新媒体运营的企业很少。事实上新媒体的运营没有那么神秘,当然也没有那么简单。企业必须按照自己的思路来解决认知方面的问题,从运营的各个层面上去深刻地认识,并且在实际的工作计划中加以应用。新媒体运营有 5 大类:平台运营、内容运营、用户运营、产品运营和传播运营,每个要素都包含非常丰富的内容。

1. 平台运营

平台运营是指公司各大媒体平台的管理、优化与传播。

2. 内容运营

内容运营包括但不限于公司新媒体各类图文、广告、视频、直播,以及公司产品、用户、资本市场、用户价值等多个维度内容的构建。

3. 用户运营

(1) 已有粉丝的互动营销实施。

(2) 增量拥挤的拓展市场营销。

(3) 社群化运营与社群产品建构。

(4) 用户服务。

4. 产品运营

(1) 产品与盈利模式在线上的结果优化分析。

(2) 产品的高效率表达与传播。

5. 传播运营

(1) 自媒体分发平台建构。

(2) 自媒体的联合营销。

(3) 跨界营销组合。

(4) 媒体拓展与深度公关。

在运营中，新媒体工作者需要集中解决的一个重要问题是，依靠什么作为起点逻辑和评价标准来进行新媒体的运营呢？核心还是要构建一套行之有效的数据统计方案，并善于使用新媒体的大数据工具，为自己的运营做好基本资料上的储备。

在这方面，新榜、清博指数、百度指数、微博热搜、新闻 App 以及各大内容平台的搜索工具热点词，都可以作为评价的重要参考依据来分析自己的内容与运营状况。同时还需要针对自己的新媒体数据，从投入到产出、从产品到用户、从内容到结果，不断地生成有效的对比数据来实现。

1.3.4 搭建运营团队架构

企业新媒体运营的成败与运营人员、运营团队密切相关，这在内容营销方面表现得更明显。优秀的新媒体运营人员能通过一段文字、一篇文章将企业新媒体运营产生的实际价值展现出来，这种结果不是所有会写文章的人都能实现的。

特别是对企业的新媒体来说，其在整个自媒体领域面临的竞争压力更大，面对的环境更加复杂，面临的利益诉求也更多。因此，新媒体运营人员承担的压力比传统 PC 时代网站运营人员承担的压力要大很多，其真正要掌握的是新媒体运营思维与技巧。

如果对某企业来说，新媒体运营与企业发展息息相关，在这种情况下，企业管理者就要积极打造新媒体运营团队，尤其要引进优秀的新媒体运营人员，并且这个团队的构建需要对互联网的逻辑有充分的理解。

一般来说，企业新媒体运营体系的构建需要的团队成员多种多样，不仅需要文字编辑、美工设计，还需要协同大量的、不同种类的资源的人，只有这样，企业宣传及活动诉求才能得到充分满足，如图 1-4 所示。

企业新媒体团队人员包括运营决策人员、平台实施人员和营销转化人员。图 1-4 对这些人员要素做了系统的比较，将新媒体在企业运营过程中发挥的作用清晰地展示了出来。由此可见，在新媒体时代，企业的新媒体运营不是一个简单的行为，而是多种因素的综合管理。

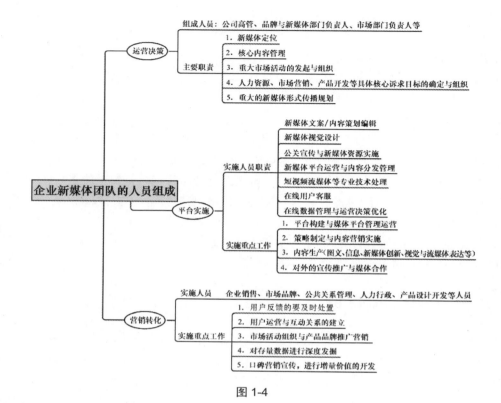

图 1-4

1.4 新媒体平台的盈利模式

本节导读 对于一个新的行业来说，不确定的盈利模式是阻碍其发展的最大问题。厘清新媒体的盈利模式有助于找到经营的重点。本节将介绍新媒体平台的盈利模式的相关知识。

1.4.1 在自媒体内容中穿插广告

广告的变现主要就是通过一些第三方平台(例如广告联盟等)进行接入广告，产品可通过用户的流量大小来获取对应的收益，这种是典型的以流量为主的变现方式，也是目前最普遍的变现方式之一。

除却通过平台的广告接入外，运营者还可以尝试直接与广告商进行联系，根据自媒体的定位以及相关领域的范围对广告进行挑选，并且在价钱、广告质量上也有一定的把握，这是比较好的广告营收解决方案，但是在广告商的挑选方面，会比较麻烦。该盈利模式有以下优缺点。

- 优点：收益以流量为基础，产品的流量越大，广告的收益也越高。
- 缺点：广告的变现需要考虑到广告质量、广告主品牌、受众契合度等，并且广告的反馈具有滞后性，如果是糟糕的商品或者广告主品牌出现了负面消息，会极大地破坏产品的口碑，对产品容易造成不可逆的负面影响。

1.4.2 利用自身品牌的影响来做电商

电商变现可以分为两种类型：一是电商 CPS；二是自营电商。

电商 CPS 是指电商的代运营，就是商家把商品放到你的自媒体上进行售卖，而你是不需要付出成本的，相当于提供一个商品的展示框架，用户在你这里进行购买，你就能获得相应的收益，从而实现变现。

而自营电商，顾名思义就是自己进行商品的出售，商品的成本、价格等都是你自己决定的，没有第三方介入，这种模式目前来说是比较普遍的电商变现方式，例如网易云音乐等。该模式有以下优缺点。

- 优点：收益明显，并且可直接看到转化率之间的数据，对于优质产品来说容易培养出忠实的粉丝，对产品中的商品会有较高的信任，成交率高，可以跟产品的口碑形成统一，容易产生二次宣传的效果。
- 缺点：电商的兼容性较差，大部分产品很难找到合适的电商产品合作、销售，并且对商品的质量具有非常高的要求，商品质量差的话容易使用户产生厌恶感，对产品的持续发展不利。

1.4.3 通过对内容付费来获取收益

知识付费是近几年才兴盛起来的，"得到""分答""喜马拉雅""微博问答"等，越来越多的知识付费平台接连而起，试图在"内容为王"的新时代分一杯羹。如图 1-5 所示，为国内知识付费产业图谱。

几乎每个平台都经历了"爆红"的一段时期，背后正是抓住了分享经济时代的特点，解决了人们在移动社交体验中知识和经验不对称的问题，在某种意义上，正是糟糕的免费内容太多、太杂乱，反而促进了人们有意识地对精品内容付费意愿的增强。该盈利模式有以下优缺点。

- 优点：内容付费的收入较为稳定，用户的留存与黏性较高，容易产生正向循环。内容付费最大的一个优势就是现在有工具可提供帮助，例如"短书"，可一站式满足内容承载、用户管理、付费转化、社群运营、数据分析 5 大核心需求，形成品牌闭环，快速完成用户沉淀，实现体系内变现，使得内容的创业更加方便。
- 缺点：使用内容付费这一种变现模式，要注意的一点就是内容的质量必须要有保证，内容质量是直接与用户的订购数量成正比的，所以如果质量不好的话，该内容会出现滞销现象。

图 1-5

1.5 策划新媒体活动运营

本节导读　新媒体运营在很多人眼里就是类似行政人事打杂工，只要写写文案就好，实则只是冰山一角。做新媒体运营时经常要策划一些活动，像一些节日、纪念日，包括企业的周年都可以拿来搞噱头做活动。本节将详细介绍策划新媒体活动运营的相关知识。

1.5.1 准备工作

新媒体活动运营的具体场景可以是微信公众号、移动终端应用、论坛及社区等。

在这里，重点对新媒体活动进行分析，活动前的准备工作主要有以下几个，如图 1-6 所示。

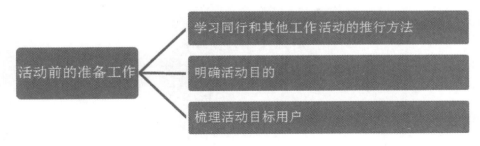

图 1-6

1. 学习同行和其他工作活动的推行办法

他山之石不只可以攻玉，更可以直接运用，增强自己的积累，只有当研讨了工作现状和最新的活动推行办法后，才能理解各类办法的好坏，对自己以后的活动推行积累经验，这里主张不只是看同行的结案陈述，更应该通过活动流程去反推活动布景和运营的要害节点，如果能参透活动的机制和选用的原因，就能知道为什么会选择这样的实行办法。初学者如果能从头到尾多参与几个活动运营，必定会有长足的进步，如果能和同行优异案例操盘手了解活动策划的来龙去脉就更好了。平日要熟练使用各类运营工具，如排版的、投票的、游戏的等。

2. 明确活动目的

目的需要清晰可衡量，而且一定要知道活动目的有且只能有一个，如果有多个目的只能导致最终哪个目的都达不成，因为多个目的可能会背道而驰。例如希望用户更活跃就不如希望文章阅读提升 30%直观。如果你没有设定目标，企业希望达成的 KPI 就是你的目标，但这个目标需要拆解成其他小目标，以便各个击破。

3. 梳理活动目标用户

确定目的后最重要的是确定活动目标用户，没有一个活动能吸引所有人的关注。例如，最有时代情感的春节联欢晚会，不也快失去"00 后"用户了吗？因此，只有确定目标用户后才能确定影响他们的活动策略。

1.5.2 活动策划阶段

新媒体活动运营到了活动策划阶段，运营者要做到面面俱到，注重细节。

1. 策划活动创意和内容

活动创意是活动营销成功的最关键因素，也是让用户买单的最直观影响因素。活动创意策划需要做到以下几点，如图 1-7 所示。

图 1-7

1) 策划需要贴合目标，以达成目标为最终目的

某品牌上市前希望用户在微博上送祝福语，结果错误地发起了微博上的微活动，结果是十余万抽奖控僵尸粉参与，最终当然没有达到预期效果。

2) 贴近目标受众喜好

只有吸引用户的活动才能促使其参与，就好比晒娃大赛永远对宝妈、中年阿姨这类人群有吸引力；汽车类问答比赛、游戏抽奖永远吸引着男性用户。

3) 适度的参与门槛

参与门槛的高度与参与人数成反比，越低的门槛，参与人数会越多，当然希望用户深度参与的除外。例如某品牌抽奖需要关注另外一个微信账号，然后到朋友圈分享微信账号的内容，再把朋友圈截图晒到微博并转发好友@品牌官方微博，这么高的门槛，参与度必定会很低。

4) 有趣的参与方式

参与方式要有趣，有趣能最大化地激发用户的参与热情，有趣的参与方式是除了奖品外最能吸引用户参与的关键点。

5) 活动需要有情感共鸣点

活动的主题一定要能引起用户的情感共鸣，只有情感共鸣才能打动非抽奖用户、非活跃用户，例如，某运营方在父亲节策划了一个晒父亲背影的晒照片活动，短短一周就获得了超过 1 万以上的用户参与量，整理后又是几篇上好的原创文章。

6) 利用社交媒体传播

一个活动想要吸引更多的用户参与，借助朋友圈关系链是最好的传播方式，怎么合理地利用朋友圈？是否适合朋友圈引流也是很重要的。利用朋友圈不是发一个链接就完事的,怎么去设计转发的链接文案和图片?怎么激励用户愿意分享到自己的朋友圈?使用户愿意分享到社交媒体的原因有以下几种,如图1-8所示。

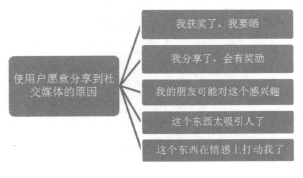

图 1-8

7) 结合时下节点

如果能结合时下热点往往可以起到良好的效果,但是速度一定要快,热点往往会很快过时。

8) 活动的奖品契合活动策略

不一定是奖品价格越高参与度就越高,奖品与活动相关才能达到最大化的刺激效果。例如宝马5系之前曾策划过一个活动,奖品是请资深赛车教练教授在雪地上开车的技巧,这对宝马汽车爱好者来说无疑是一个最具有价值的奖品。

在这里需要强调一下活动的奖品设置,如果运营方资金充足,可以提高奖品规格,如果资金短缺,可以尝试以下方法。

- 寻求奖品合作。已有合作的客户,且客户有奖品赞助需求的可以请销售部支持,没有合作的客户就尝试多种方法寻求支持合作。
- 公司内部现有资源。例如一些曾经用作展示品或装饰品的玩偶、玩具、模型等,有时候这些奖品能够产生意想不到的作用,对参与者形成极大的吸引力。
- 公司会员虚拟价值。公司会员设置不同的会员体系。例如发1000个帖子或者消费100元才能升级金牌会员,将这个作为特权分给用户;获奖用户可以在公众号文章里展示;生活类公众号可以请用户做一期内容并帮忙润色一篇文章并发布;也可以请学生到公司实习并获得实习证书。

2. 活动节奏及效率提升方式预估

活动通常会持续一月甚至更长时间,在长时间内活动节奏的把控就很重要,需要制作一个时间轴去把控每个时间段需要做什么事情,什么时间需要加一把火,通过什么方式去加这个火,让活动持续保持热度。

3. 活动推广传播资源

在资源布局的过程中，运营方应该在平台入口处适当地添加创意素材，注意一点是针对不同的位置可以设置不同的入口创意，如果在自己公众号以新闻或者社会事实元素作为素材会事倍功半，可以尝试推出情感类文章。

4. 活动优化及替代方案

无论多么优秀的策划也有可能在运营过程中走进死胡同，做好替代方案好过措手不及。若活动未能达到预期效果，运营方应该及时采取补救措施，根据具体情况，通过升级奖品、调整活动机制、发挥意见领袖的号召作用等来优化活动。

1.5.3 活动执行阶段

活动执行阶段最重要的就是要保证活动的顺利开展，同时也需要随时监控活动中的舆论导向，及时删除负面或不健康的内容。活动执行有以下几个方面需要留意。

1. 活动效果是否正常，是否达成预期效果

如果发现活动不能达到预期效果时，运营方应该及时调整方案和策略，可以采取以下几种方式来解决问题。

(1) 提升活动奖品的数量或价值。

(2) 加大宣传力度，并提供资金支持。

(3) 变更营销文案，在朋友圈进行大范围扩散，提高人们对活动的关注度。

(4) 寻找意见领袖参与，每个公众号都有自己的忠实粉丝，运营人员需要和这些意见领袖保持良好的沟通关系，在需要时发挥意见领袖的影响力，对粉丝的行为进行引导，推动活动的正常开展。

2. 活动爆点挖掘

参与活动的用户有一部分是非常有才华的，参与的内容也很有爆点，运营方需要随时关注用户的参与情况，将有可能具有传播价值的热点总结出来并加以主推，将话题进一步炒热，基本上所有的微博热点都是从豆瓣、天涯等平台上火热起来并延伸到了其他地方，活动运营方也可以利用微博等平台的传播优势进行活动推广。

3. 监控活动流程

活动中有可能会有网友分享不健康、低俗的内容，也有可能分享地域歧视内容，还有可能分享其他违反国家法律的内容，运营人员需要不断地对活动过程进行监控。对一些不违反国家法律和大多数网友情绪但是有一定争议性的话题可以保持关注，让更多的人参与讨论，有碰撞才会有新的思维火花和传播的可能性。

4. 活动颁奖

(1) 活动颁奖需要尽量保证公正公平，永远记住只要不是机器自动抽取就会有人有负面情绪和异议，不用苛求 100%的人满意，但一定要做到大多数人对结果保持认可的态度。

(2) 其实活动颁奖不是活动的结束，颁奖的过程、颁奖后中奖者的态度以及反馈完全可以用下一篇文章呈现出来，为活动再添加一把火。

(3) 奖品是分阶段抽取还是最后统一抽取？相比之下，奖品分阶段抽取能最大化地刺激用户的参与热情，会把参与者的激情一次次带动起来，他会一次次认识到运营方的活动是真实有效的。

1.5.4 活动总结

活动做完之后不是活动结束了，反而是下一个活动的开始，需要总结每次活动的优劣得失，以便下次进行规避或继续沿用，这样活动效果才会越来越好。另外，还要将自己的运营能力展现出来，以便得到更好的发展机会。

活动永远是做出来的、运营出来的，每一步都有关联，通过活动运营可以总结出以下几点。

(1) 活动不是靠这一次有奖参与，而是靠平时的运营。在平时运营中发掘你的意见领袖，找到关注你、喜欢你的人并和他们建立链接远比活动给予奖品重要，只有建立链接后他们才会在你的平台上长期活跃。

(2) 做活动不是提升关键绩效指标的工具，而是对一部分用户感激的馈赠。活动是为了让用户长久持续地关注运营者的平台，所以奖品颁发给活跃用户和意见领袖很重要，普通用户领完奖品后可能就和你断开了链接，而活跃用户每次反馈都是加深链接的过程。

(3) 奖品不是活动策划及活动开展的必要前提。如果运营方有足够的能力，可以组织没有奖品的活动，让用户自发地参与，推动活动的开展。

(4) 目标导向。活动前中后期关注目标，随时进行目标导向，不要为了活动而活动。

(5) 同理心。站在目标用户的角度思考活动机制和活动细节，只有打动自己的策划才能打动你的目标用户，但是注意是站在目标用户的角度，不是运营方的角度。

(6) 巧用各类运营工具，无论是排版还是营销体验，细节决定成败。

1.6 新媒体营销推广的操作步骤

本节导读　随着时代的发展，传统的宣传与营销手段已经无法满足企业的发展需求，而新兴网络媒介的涌现为企业的发展提供了新的契机，也为营销提出了更高的要求。新媒体营销有自己独特的特点，本节将详细介绍新媒体营销推广的操作步骤。

1.6.1 制定营销目标

一个完整的新媒体营销方案包括企业营销过程中新媒体营销的角色定位、新媒体营销目标与预算的指定、绩效的考核、团队岗位的搭配、新媒体团队的管理等内容。

明确了新媒体运营的角色定位后，就要指定新媒体运营的目标。一般来说，制定目标可以参考以下几个原则，如图1-9所示。

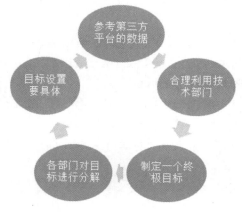

图 1-9

1. 参考第三方平台的数据

如果运营者能直接从第三方平台上获取数据作为目标，就可以直接以后台目标数据值为参考，比如微信、微博。尽量少使用太多数据定义或计算公式，可以避免对数据定义理解偏差而产生的误会，影响运营目标的正确性。

2. 合理利用技术部门

如果第三方平台无法给运营者呈现数据作为目标引导，那么可以交付给技术部门去做统计报表系统来做监控。可先从日指标下手,再延伸到周指标、月指标、季指标、年指标去做统计。比如服务号的注册用户、订单量、订单转化率、客单价等。

3. 制定一个终极目标

新媒体营销要制定一个终极目标,例如对于 O2O 的项目来讲,团队的终极目标就是日订单量。比如对于一个工具型 App,团队的终极目标是日活跃率。

4. 各部门对目标进行分解

总体来看,目标可以分为以下两种,如图 1-10 所示。

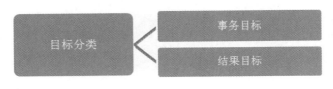

图 1-10

- 事务目标:每周发布××篇内容,其中××篇内容为原创。
- 结果目标:微博曝光量、粉丝较上月的增长比例(早期基数低,可以设定每月 50%~100%的增长目标,后期可以适当减少到 10%~20%);微信的文章打开率 15%,转发率 5%(这是大部分微信公众号的平均值)。

5. 目标设置要具体

目标设置不能太笼统,要有具体数字,比如:当月目标为日均新增激活从 8000 到 12000,注册转化率 40%(建议略高于原本的期望值,效果会更好),那种"提高了品牌曝光度""增加了用户黏性"这种陈述性语句就不要使用了。

此外,新媒体运营人员要根据推广方案做预算,要尽量细致,对每个推广周期涵盖的各个推广细项做预算。另外,预算方案还要具有可控性强、可行性强等特点,让方案的执行效果更明显。

新媒体运营是为达到目标/目的所做的高效、系统的协调工作,所以建议关注、学习、钻研与之相关的体系,来建设自己的系统性;而不是只把关注点放在预算、性价比这些问题上。

1.6.2 精准粉丝引流

团队以总目标为主线,分解到各部门。测试最有效的推广方法,集中优势资源在一个可能爆发的点上,不断放大,不断分析,直到引爆。目标消费者集中出现在哪里,我们的市场推广重点就集中在哪里。

1. 种子用户期

假设种子用户期设定的运营目标是在一个月内收集 1000 名种子粉丝，并做好种子粉丝的管理与控制。

- 种子用户的特征：经常互动，帮你朋友圈转发，帮你主动在 QQ 群、微信群推广公众号，种子用户会经常对你的公众号提供有效意见和建议。
- 推广方法：行业朋友和同事、合作伙伴，邀请机制。供应商导入，在商圈、小区、学校、写字楼发广告；发动身边同事、朋友、合作伙伴加入体验。
- 活动邀请：策划"大家来找茬"活动游戏，设计产品体验调查问卷融入游戏中，注册就送 10 元优惠券，推荐也送 10 元优惠券，评选出最佳粉丝，粉丝截止到 1000 名为止，为期 1 个月(H5 文案设计要有趣)。
- 微信群管理：建立两个 500 个人微信群，管理种子用户，收集产品用户意见。

2. 初始用户期

假设初始用户期的运营目标是在 3 个月内积累 5 万名种子粉丝。

在初始推广期要尝试各种推广渠道，找到你最擅长的渠道，让粉丝每天自然增长，最终完成你的目标。拥有渠道的好处就是，每一天你都能获得稳定的粉丝，而不是一天增加 500 粉丝，再过 3 天就没有粉丝关注。初始用户期的引流技巧，如图 1-11 所示。

图 1-11

以下方法是个人团队实战的一些总结，可以借鉴操作。

1) 微博引流

由于这里讲解的市场定位在本地，所以前期推广时收集所有热门本地微博，通过推广官方微博，与这些本地微博建立互动合作，活动期间可转发引流。

由于微博的媒体属性比较强，是由点到面推广，不属于微信生态圈内，效果也比较弱,当然前期已经有一定粉丝基础的微博,从微博到微信的引流已经获得了很大的红利。

2) 加群引流

每个新媒体运营账号加 500 个本地微信群,群内不直接发广告,要先加强互动。在要发广告的时候,先发群内红包。这个环节有以下 3 个技巧。

- 技巧一:如何获取群?发动你身边的朋友、同事、合作伙伴,让他们拉你入群。
- 技巧二:换群。当积累了一定的微信群之后,可以与本地运营商互换群。
- 技巧三:置顶活跃群。筛选出活跃度较高的群,置顶,下沉广告群,群内经常互动,与群主搞好关系,质量高的微信群可以考虑商务合作。

3) 小号引流

注册 10 个小号(一共可加 5 万私人粉丝),针对本地区域加粉丝,每天每个小号加粉丝 50 个,3 个月内完成,团队分 3 组,每个人负责 3 个。这个环节有以下几个技巧。

- 技巧一:如何养号?赋予小号一定的标签:如你是 1992 年生的未婚女生,从事互联网行业客服工作,居住地××等。
- 技巧二:不要有广告嫌疑,每加一人,要介绍你的状况。
- 技巧三:朋友圈定时分享生活趣事。必要时插入服务号广告活动,每周定时在朋友圈互动交流。
- 技巧四:对于传播力比较强的粉丝,可以单独多私聊互动。
- 技巧五:加人前先在群内互动交流,找主题,特别是活跃度高的群,加粉丝的成功率更高。

4) 自建官方微信群

每个号自建 100 个官方群,对每个群自定义标签,如种子用户群、活动群、产品试用群等。具体包括以下几个步骤。

步骤一:明确建群的目的,建立群规章制度。

步骤二:配官方客服,围绕群主题定期互动,解决问题。

步骤三:发展一些意见领袖做帮手,共同发展群,必要时给予物质上的激励。

5) 活动策划

活动以一周一次的频率来执行,加强用户的记忆习惯,有利于传播分享,以下活动作为备选,执行的时候,团队参与进来,加强文案及 H5 效果设计。

- 活动礼品:优惠券、大礼包(消费券+帆布袋+记事本+广告衫等)、活动奖品、微信红包等。
- 定期活动一:派发微信红包,将粉丝拉入到微信小号,建立微信群开始发红包。

- 定期活动二：注册就送 10 元优惠券，推荐就送 10 元优惠券，充值 100 元送 20 元。
- 定期活动三：关注赢好礼，扫扫送礼品，微信预定享折扣。
- 活动四：微信答题。提出的问题最好和服务号相关，让用户在运营者的平台上找相关答案，加深对服务号的印象，加强对服务号品牌的认识度。
- 活动五：转发有奖。可在微博微信发起转发活动，转发就有奖。

6) 本地公众号、微博、社区、网站等渠道投放

活动执行时，可以在本地公众号、微博、社区等渠道投放，随时监控投放效果。例如在活动开始时，洽谈网站、微信、微博 3 个媒体广告合作或联合推广。

1.6.3 品牌传播推广

假设品牌推广期的运营目标是 3 个月内积累 10 万名种子粉丝。

(1) 继续"初始用户期"的推广方法，稳定获取每天流量。

(2) 本地 O2O 服务号或 App 合作，经过初期推广后，已经积累了一定的粉丝量，可以与本地 O2O 一起合作推广。

(3) 地面推广，可以有针对性地与商场、学校、社区等商圈进行合作，进行线下活动策划推广。

(4) 参加行业性会议展览，可以通过参加一些行业性会议展览，带上二维码，做好微信营销方案，到展会或者会议上与客户、合作伙伴交流，推荐微信公众号。

(5) 加入联盟。加入本地电商企业联盟、行业联盟、O2O 联盟等，进行产品分享，推广服务号在本地品牌的知名度。

1.6.4 PR(公共关系)

之所以将 PR 独立出来，是因为项目从立项开始，PR 就开始预热了，在推广的每个阶段都需要 PR 的渗透。

在初创公司，作为 PR，需要将公司每一个阶段的方向都了解透彻，然后学会向市场、投资人、用户传递一个有力的声音，这个声音并不是生硬的广而告之，而是抛出一个话题让大家对运营者的故事感兴趣，并带动大家把兴趣引到运营者的产品上来，最好形成行业的热议话题。PR 可采取以下几个策略。

1. 用日常稿件保持稳定的曝光

运营者要定期做一张传播规划表，每个月要根据公司和产品的变化来决定该向外界传递什么声音，恰当的表达和持续的内容产出会让公司的曝光度及行业的关注度逐渐提高。

2. 维护好已有的媒体资源，积极扩展新资源

在新媒体公司，PR 往往难以获得充足的经费，在这种情况下，PR 就要对拥有的资源进行规划使用，根据所处的发展阶段及新媒体运营进度确定支持公司发声所需的资源与途径。为了做好这一点，活动经营经理不仅要维护好已有的资源，还要不断地拓展新媒体资源，为后续事件输出提供有效的渠道支撑。

3. 选择的渠道决定了传播的效果

说什么故事，用哪种方式呈现传播效果会最佳，这对于渠道的选择就显得尤为重要。比如，对于公司创始人的一些采访，更倾向于行业及财经相关权重高的纸媒，有利于大面积地带动传播；对于产品的发声，更倾向于科技类的新媒体，在行业内能引起更快速的关注力；而对于事件话题性的新闻，更青睐于选择大型门户类网站。

自媒体这个领域实力参差不齐，选择有中立观点和实力派的自媒体发声，不失为好的办法，但是成本对于创业公司来说，并不是性价比最高的。而对于电视媒体，选择和潜在用户相吻合的节目，是一个能快速让产品呈爆发式增长的途径。

4. 要记得做好对营销传播效果的评估

这些可能包括人群的覆盖率、点击量、阅读量、点赞量等。每一次的数据，都会告诉你下一次的内容应该怎样做才能更好。而 PR 作为连接内外的桥梁，最好也要藏身于用户中间，在深度沟通中突出品牌的个性。

1.6.5 文案策划包装

一篇优秀的软文能增加产品的吸引力，让消费者在潜移默化中对产品产生兴趣，加深对企业品牌广告的记忆，从而提升产品的市场占有率。

1. 软文策划包装

明确品牌优势及产品特点，对公司品牌文案进行有效策划，借助用户心理特点突破其心理防线。通过软文广告将品牌传播给消费者，再利用品牌及产品自身的优势让消费者认可品牌、接受产品。

2. 写作更新方向

每个企业都有自己的新闻事件，只是大多数企业不知道该如何利用，如何用其对自己的品牌进行营销策划包装。事实上，软文就是从企业日常营销事件中提炼出来的。

结合企业自身发生的事件对软文进行策划包装，如企业发起的公益活动或其他活动等，将这些事件与企业的品牌文化结合在一起进行包装，能使企业的行业影响力大

幅提升。

3. 布局技巧

企业软文更新首先要对企业品牌进行策划，使用统一的文字品牌形象，通过一系列策划对企业品牌进行包装，面向目标用户群进行投放，使企业品牌的曝光度大幅提升。另外，企业软文更新还要与标题的核心定位相结合，有效地引导潜在用户群，使品牌影响力显著增强。

4. 品牌策划

在策划企业软文前，企业营销策划人员必须对产品特点及企业优势进行充分了解，将其传播给媒体及消费者，以吸引消费者的注意力，从而提升企业的销售业绩。

软文策划必须将产品的核心特点、品牌优势凸显出来，让消费者在购物过程中获得满足感、愉悦感，从而实现口碑营销，扩大品牌的传播范围，提升品牌的曝光度。

品牌包装策划与热门事件结合，让消费者切身体会到品牌的优势。

企业营销销售策划就是创造用户喜爱的内容，并确保内容符合用户的需求，从而让用户持续关注企业，增强对企业的信任。由此可见，企业营销的核心就是分析用户心理，根据用户心理创造内容，让内容切实打动用户，刺激用户需求，从而让品牌实现大范围曝光。

1.6.6 团队搭建及岗位描述

构建运营团队，招聘运营人才可以采取以下方法：从目标反推，拆解关键任务，分解完成关键任务所需要的能力及人力，描绘出这些岗位的职业画像，根据阶段目标倒推团队成员进入的时间。举个例子，例如公司微信服务号要在半年内达到 5 万粉丝，而要达到这个目标需要活动策划、渠道推广、PR 等任务，完成这些任务都需要什么能力的人？这些人什么时间到位？公司对这些任务进行细分就可以明确所需的人才类型，确定人才到位的时间。

事实上，现在很多互联网公司的 HR 是不专业的，他们没办法熟悉各部门具体的工作任务。所以经常在招人的时候闹笑话，比如应聘者问你们新媒体的团队绩效怎么考核、销售团队工资体系是怎样的，很多 HR 是很模糊的，不知道边界在哪里。

所以，部门负责人应该跟 HR 密切沟通，让他们清楚你们部门到底需要什么样的人。成立新媒体推广小组，负责新媒体推广，新媒体推广小组由以下成员组成，如图 1-12 所示。

图 1-12

在具体操作过程中，企业可根据项目的指标适当地做人数上的微调，初期项目可以采用(1+1+2+1+1)原则设置岗位员工。

1. 新媒体推广经理(1 名)

在初始用户期引入新媒体推广经理。初期项目设置 1 名推广经理即可。

1) 岗位职责

负责公司微信、微博公众号的日常运营工作，增加粉丝数，提高关注度；根据制定的内容方向发布各种符合要求的优质的、有传播性的内容；提高粉丝活跃度，与粉丝做好互动，对粉丝的网络行为进行分析与总结；挖掘和分析微信用户的需求，收集用户反馈，分析用户行为及需求，即时掌握当下热门话题；根据运营需求，独立策划与组织各类线上/线下活动，增加曝光率，提高粉丝数量及用户黏性；监控推广效果和数据分析，对推广效果进行评估改进。

2) 任职要求

新媒体推广经理要熟悉互联网运营方法，能独立制订新媒体推广计划，执行力强；熟悉新媒体，对微博、微信如数家珍，运营过微博草根号、微信公众号更好；有判断力，对热点事件能分析到位，知道如何借势来达到推广效果；最后，经常出入各大论坛，要有永不言弃的精神。

2. 文案策划(1 名)

在初始用户期引入文案策划，初期的文案策划只需 1 名即可。

1) 岗位职责

清晰项目目标，快速了解客户需求，并密切与相关协同部门合作，提供快速、精准、精彩的文案支持；负责宣传推广文案及宣传资料文案的撰写；负责创意内容撰写，为线上活动、广告传播、线上公关稿件撰写相关文案的内容；沉淀创意产出和内容撰写的经验，形成知识管理，供其他项目借鉴。

2) 任职要求

文案策划岗位是文字输出岗位，需要文字功底好，有创意，对热点有嗅觉，最好在事件营销传播方面有成功案例。

3. 新媒体运营专员(2 名)

在初始用户期引入新媒体运营专员。初期项目设置 2 名运营专员即可。

1) 岗位职责

负责微信公众号的日常运营工作；负责文案内容的编写及发布、粉丝管理及互动；收集用户的意见及建议；分析和挖掘网友的使用习惯、情感及体验感受，及时掌握新闻热点，能够完成专题策划、活动策划，并对策划案的执行效果进行跟踪；定位目标客户群并提高产品在目标客户群中的知名度；思维活跃，有市场企划能力及执行力。

2) 任职要求

新媒体运营专员要有微信推广及运营经验；具备较好的文案写作能力，学习能力强；有创新精神，敢于创新，对新媒体营销工作有极大的热情和投入；熟悉网络媒体传播的特点，对社会化媒体传播有独到的理解和驾驭；对新媒体有较强的洞察力。

4. 渠道经理(1 名)

在品牌推广期引入渠道经理。初期项目设置 1 名渠道经理即可。

1) 岗位职责

渠道经理要参与制定渠道策略和拓展目标计划；根据公司业务发展的需求，寻找、挖掘有利于公司的合作资源；负责公司微信服务号商务拓展及合作，与各推广渠道建立良好的业务合作关系。对推广数据进行分析，有针对性地调整推广策略，提高粉丝量、订单量及活跃度等。

2) 任职要求

渠道经理要有较强的商务谈判和独立的市场开拓能力，有渠道开发管理经验；具有较强的沟通、交际能力以及组织协调能力；熟练使用 Office 办公软件；有两年以上商务合作和渠道拓展经验；有 App 渠道推广或服务号合作推广经验。

5. 媒介经理(1 名)

媒介经理指的是负责媒体资源整合、采购、优化、媒体关系，指导客户投放等工作的专业人员。

1) 岗位职责

媒介经理要负责平台媒体投放资源的拓展；线上推广渠道的建立、过程的控制及协调；整合市场各项资源、制订合作实施计划、开展深度合作；负责项目的危机公关、媒体资源公关等相关工作。

2) 任职要求

媒介经理要有广告媒体方面的工作经验，沟通能力强，具有较强的商务谈判能力，善于与合作伙伴保持良好的合作关系；有较强的文字表达能力；有互联网金融行业的从业经验和互联网、市场营销领域的学习经历。

1.6.7 绩效考核

创业项目启动前期杂事可能比较多，比如产品研发、产品测试、市场推广资源和物料准备等，所以最好是等产品过了试运营期再来定目标和 KPI。创业初期各个部门的 KPI 考核尽量简单点，不要做薪酬激励的事情，完成多少给多少奖金，如新媒体运营的关键绩效指标可以设定为月关注粉丝 1 万人，完成这个指标就可以获得相应的现金奖励等。

下面以微博为例，来详细介绍新媒体营销绩效考核方面的内容。

微博营销涉及的数据大致有微博信息数、粉丝数、关注数、转发数、回复数、平均转发数、平均评论数等。

- 微博信息数：每日发布的微博数量，10 条/天。
- 平均转发数：每条信息的转发数之和/信息总数量，一般计算日平均转发数或月平均转发数，与平均回复数原理类似。

平均转发数(评论数)与粉丝总数和微博内容质量相关，粉丝总数越高，微博内容越符合用户需求，转发数和评论数就会越高。所以这个数据可以反映粉丝总数、内容和粉丝质量的好坏。粉丝基数越大，理论上转发数会提高，内容越契合用户，或者粉丝中你的目标人群越多，这个数据都会上升。

以某公司品牌微博为例，连续 4、5 月份的数据统计，如图 1-13 所示。

时间	粉丝增长		微博数量	转发		评论		搜索结果数	
	数量	增长率		转发总数	平均转发	评论总数	平均评论数	增长	增长率
4月	5545	37%	208	2196	10.6	909	4.4	4035	18%
5月	5461	27%	284	4093	14.4	1429	5	3658	12%

图 1-13

从图 1-13 中可以看到 4、5 月的活动数量相当，每日自然增长粉丝也差不多，所以总体增量基本持平，但是转发总数增长近 100%，评论增长了 64%，搜索结果数也增加了。应该说针对 4 月的微博内容分析之后，5 月份做了一些调整，更加注重用户需求，所以在总量增加的同时微博的平均转发数和回复数都上升了，可以说该微博 5 月份比 4 月份有进步，而且搜索结果数直接增加曝光率，说明了营销效果。

平均转发数和评论数可以衡量自身微博运营状态的好坏，而搜索结果数可以作为品牌传播的考核，只有综合所有的数据来看才可以指导微博营销。

最后还需要介绍一套管理套路，简单总结有以下几点经验。

1. 做好时间安排

新媒体运营管理要做好时间安排，例如，周一早会：每周固定 9～10 点，讨论上周问题及本周部署；周三培训：按照培训表抽出时间进行团队培训；周五总结：每周各部门问题反馈，汇总成表格。

2. 量化目标

项目立项后就要开始制定年度目标，分解到季度、月、周目标。根据目标分解到各部门，细化每天的工作任务。

3. 准备 3 张表

管理人员要准备 3 张表，分别是财务预算表、绩效考核表和岗位描述表。

- 财务预算表：整个运营团队的预算，包含人员工资、市场推广等。
- 绩效考核表：和薪酬激励挂钩在一起对团队成员进行考核。
- 岗位描述表：各个部门每个岗位的描述要做到详尽。岗位描述要根据项目现阶段的需求来描述，切忌大而空。

4. 保持团队凝聚力

保持一个高效、快乐、有活力的工作环境，让整个运营团队保持凝聚力，是每个运营者的职责所在，团队成员频繁跳槽、稳定性差将不利于项目的进展，所以如何保持项目核心成员的稳定性至关重要。

第 2 章　新媒体内容运营与活动策划

　　本章介绍新媒体内容运营的核心与技巧、新媒体内容运营的重要步骤、打造新媒体超高阅读量、新媒体活动运营技巧方面的知识与技巧，同时还讲解了新媒体活动文案运营的方法。通过本章的学习，读者可以掌握新媒体内容运营与活动策划方面的知识，为深入学习新媒体运营与推广知识奠定基础。

2.1 新媒体内容运营的核心与技巧

本节导读　随着互联网的不断发展，运营工作从传统的网站运营不断地细分和扩展，衍生出新媒体运营、社群运营等互联网运营新模式，无论时代如何改变，内容运营永远起着决定性作用。本节将详细介绍有关新媒体内容运营的核心与技巧。

2.1.1 内容运营的定义

内容运营是指运营者利用新媒体渠道，使用文字、图片或者视频等形式将企业信息友好地呈现在用户面前，并激发用户参与、分享、传播的完整的运营过程。

内容运营中的内容有两层含义，具体如图 2-1 所示。

图 2-1

第一，内容指的是内容形式。用户使用手机或电脑通过网络看到的文章、海报、视频或音频等数字内容。第二，内容指的是内容渠道，用户浏览的互联网内容一般来自微信公众号、微博、门户网站、新闻类应用等内容渠道。相应的运营者也要将内容布局在相应的内容渠道，与用户的浏览习惯相匹配。

内容运营对新媒体运营的效果起着至关重要的作用，具体表现如图 2-2 所示。

✦ 有助于提升产品知名度
产品本身不会说话，需要通过内容进行表达。用户在使用产品之前，只能通过内容来了解产品，因此优质的内容、精准的推送、多平台的宣传可以让更多用户接触产品信息，从而提升产品知名度。

✦ 有助于提升营销质量
企业新媒体运营最终是为了转化，让用户愿意付费。长期扎实的内容运营加上好的内容和活动，能带来更高的转化率。

✦ 有助于提升用户参与感
用户的参与感来自持续的互动。设计具有话题性、创新性的新媒体内容，会引导用户参与互动，提升用户的参与感。

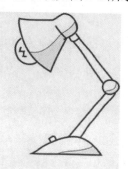

图 2-2

学习内容运营需要遵循以下 4 个步骤。
(1) 明白内容运营的整体环节，把握各个环节的重点。
(2) 掌握如何设计走心的内容，提升内容运营效果。
(3) 熟练长内容及短内容的撰写技巧，丰富内容和形式。
(4) 掌握传播模式设计，使内容发出后获得更多的转发与曝光。

2.1.2 内容运营的核心环节

内容运营是一种运营策略，基于产品的内容进行内容策划、内容创意、内容编辑、内容发布、内容优化、内容营销等一系列与内容相关的工作。通过合理的内容创建、发布及传播，向用户传递有价值的信息，从而实现新媒体运营的目的。内容运营的核心环节如图 2-3 所示。

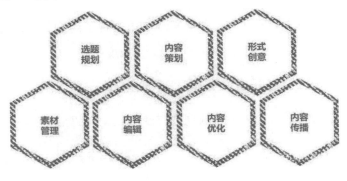

图 2-3

1. 选题规划

新媒体运营的第一个环节是进行选题规划，策划出下一阶段的主要内容形式、内容选题等，并做成计划表，作为下一阶段的内容运营总纲。

2. 内容策划

选题规划做的是阶段性的内容设计，而内容策划做的是更具体的内容设计，因此需要解决以下重要问题：制作本次内容的目的是什么？内容投放的渠道在哪里？该渠道的用户是谁？内容制作的周期是多久？内容的主题、风格如何设计？只要解决了这些问题，那么运营者也就完成了内容策划的目的。

3. 形式创意

确定内容后，要根据企业调性、用户习惯、渠道特点、竞品内容等设计出新颖的、有创意的表现形式，完成内容的展现。

4. 素材整理

内容形式敲定后，需要进行素材的收集与整理。素材包括：内部素材，如产品图、产品理念、活动流程、内部数据等；行业素材，如行业数据、行业新闻、网民舆论、近期热点等。

5. 内容编辑

根据上面步骤的执行结果，进行文章、海报、H5、视频等内容的创作。

6. 内容优化

内容编辑工作完成后需要进行测试、反馈及优化，如果转化率低或反馈不好，需要对内容进行优化与调整。

7. 内容传播

设计传播模式以便于传播内容，引导粉丝将内容转发到朋友圈、微信群或其他更多渠道。

2.1.3 提升内容运营的效果

对于新媒体运营人员来说，内容的创建有助于让我们的目标受众在进行在线搜索的同时为我们达到引流的效果，如果运营者要提升内容运营效果，首先需要做的就是要具有走心的新媒体内容。走心的新媒体内容指的是通过精心设计的文字、图片、视频等内容打动用户，使用户自发地点赞、转发或者直接下单。设计走心的新媒体内容分为 5 个步骤，即渠道用户画像、用户场景拆解、用户痛点挖掘、解决方案描述及内容细节打磨，如图 2-4 所示。

图 2-4

2.1.4 策划长内容,提升用户转化率

长内容是指商详、软文、硬广等介绍和描述产品,吸引用户消费,形成转化的新媒体内容。运营者可以从六大要素入手,优化转化页的内容并提高转化率。这六大要素包括简明介绍、场景设计、具体参数、产生信任、付费刺激、放心售后,如图2-5所示。

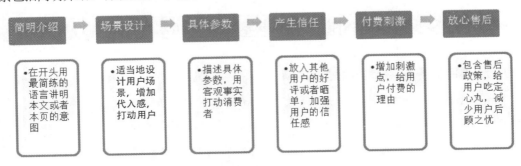

图 2-5

2.1.5 设计短内容,优化运营效果

在软文故事、硬广正文等长内容设计完成后,需要设计标题、摘要、转发语等短内容,优化运营效果。

1. 设计标题的 4 个步骤

设计标题需要 4 个步骤,具体如下。
第一步,用 8~15 个关键词概括内容要义。
第二步,按照用户关注点进行排序,选择前两三个关键词。
第三步,将用户关注的关键词串成初步标题。
第四步,使用标题技巧,优化标题。

2. 常见摘要设计的 7 种方法

常见的摘要设计方法包括补充法、解释法、提问法、概括法、直白法、刺激法和引用法等,如表 2-1 所示。

表 2-1 常见的摘要设计方法

摘要设计方法	方法内容
补充法	借助摘要内容,补充标题内容
解释法	在标题部分提出问题,在摘要部分进行解答

续表

摘要设计方法	方法内容
提问法	在摘要部分提出问题，引导读者点击文章并寻找答案
概括法	提炼正文核心，在摘要部分用精练的语言概况正文内容
直白法	在摘要部分写出需要用户完成的动作，防止部分用户不愿意点击文章，导致转化效果变差
刺激法	提出挑衅性文字，激发用户兴趣，提高点击率
引用法	引用名人名言、古诗词、励志金句等，吸引用户主动点击

3. 撰写转发语，提升传播效果

粉丝的文案能力参差不齐，为了扩大宣传效果，运营者必须帮粉丝写好转发语，将转发语一并发给粉丝。粉丝转发语包括四大要素，如图2-6所示。

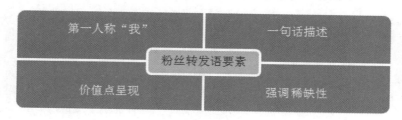

图2-6

2.2 新媒体内容运营的重要步骤

本节导读　不管是互联网企业，还是传统企业，都开始重视新媒体的传播平台带来的价值赋能。在所有的新媒体运营工作中，最传统也是最核心的工作职责就是发布内容。新媒体运营主要有4个步骤，分别是内容规划、内容生产、内容运营和内容传播。

2.2.1 内容规划

内容运营已成为互联网新媒体环境中营销的主流路径，然而经过近两年的蓬勃发展，内容运营陷入缺乏创意的同质化困境，内容玩法千篇一律。因此，除了时间、季节、节假日、突发事件等角度切入制造内容话题或活动，以及通过各种奖励方式吸引用户参与互动以外，探索新的内容玩法、实现内容运营创新，成为当前内容运营的重

要议题。

　　这里的内容运营主要是指具有无边界特质的新媒体平台中的内容运营,即平台内容的专业和领域不受限制。新媒体平台在内容选择上主要有两个标准:内容的专业性和趣味性。

　　在"内容为王"时代,新媒体运营首先应对内容体系进行全面规划,从内容传播的两个基本点——获取用户和进行品牌或服务传播出发,明确平台要输出何种内容并对这些内容产生的效果进行合理预估。新媒体运营不是单纯的内容输出,更重要的是在内容传播过程中让受众了解并认同服务信息,塑造品牌形象。

　　内容运营人员必须高度重视内容质量,不能只做简单的搬运工,应不断地提升内容原创能力并形成自己独特的内容风格。特别是在信息高度过剩的新媒体时代,只有质量过硬,为用户创造某种独特价值,才能吸引用户的目光,激发他们的认同与共鸣,甚至使他们主动参与内容的传播扩散过程,实现更加高效、高质的口碑传播。

2.2.2　内容生产

　　内容生产策略包括写原创、做话题和建立社群,如图2-7所示。

图2-7

1. 写原创

　　新媒体运营人员写作原创内容是较好的内容输出方式,因为在写作过程中可植入公司品牌、个人品牌,而且在写作过程中,内容由自己全权掌控,通过反复的内容输出,新媒体运营者可掌握用户的喜好,针对用户的喜好创作积极的、正能量的内容。也就是说,原创是增进运营者与粉丝关系的方式。

　　当然,新媒体运营者要想自己写原创内容,就必须有高超的写作能力,如事物洞察力、行业了解力、优质的文笔等。如果原创内容中的观点无法被读者认可,可能会适得其反,造成不好的影响。

新媒体运营者要想学习写作原创内容，合适的方式是模仿一些明星公众号。例如，要想撰写吐槽类文章可以模仿"天才小熊猫"公众号等。

学习写作原创内容是一个漫长的过程，其间会遇到各种难题，运营者不要逃避，因为只有克服这些难题才能迈向一个新的阶段。

2. 做话题

在新媒体运营的各种方式中，话题运营是一个非常好的运营手段。一方面，有效的话题运营能增强粉丝的认同感；另一方面，话题运营能降低运营成本，只要给用户提供一个他们感兴趣的话题，他们就能自动生产内容。

话题运营需要注意的一点，就是话题要尽量轻松，互动内容要尽量丰富，以调动用户参与的积极性，生成更多的内容，从而达到话题运营的目的。

3. 建立社群

现阶段，社群的类型主要有两种，一种是金字塔型社群，另一种是群星型社群。下面分别予以详细介绍。

1) 金字塔型社群

金字塔型社群的成员水平不一，能力有别。金字塔型社群中有大咖，也有普通成员，还有维持社群秩序的管理员，也有专门组织讨论的话题发起者。大咖是整个社群的核心，通过输出内容吸引普通成员，普通成员通过扩散增强大咖的影响力，进而鼓励他们持续地输出内容。

2) 群星型社群

群星型社群没有组织，虽有大咖，但大咖的活跃度很低，只是偶尔发表一些内容。在这种社群中，话题抛出者是那些活跃度较高的成员，大咖的作用更多的是吸引并留住普通成员，约束他们遵守社群秩序，不要随意发广告。

这种社群的运营成本比较低，因此其数量比较多，但因为社群结构不稳定，无法做到持续地生产内容。一旦内容更新不及时，就会逐渐被人们遗忘。

无论是哪种社群，共同的话题都是让各类成员聚集在一起的主要因素。因为有共同的话题，所以可以沟通、交流，可以持续地输出内容。新媒体运营者可以自己构建社群，引导社群成员生产内容，将其中有价值的内容汇总在一起对外输出。

2.2.3 内容运营

新媒体内容运营的策略共有 5 种，如图 2-8 所示。

1. 构建内容库

在互联网时代，只要涉及的行业不太冷门，运营者就能通过互联网找到大量与行业有关的文章。所以，运营者要对内容渠道进行梳理，构建一个内容库，为自己提供足够的写作素材。

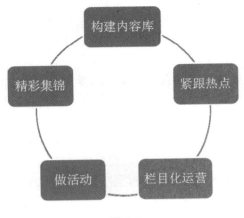

图 2-8

例如，在创作原创内容时，运营者就可以先浏览一些网站或运营社区，发现一些备受用户关注的话题或文章。如果运营者运营的是一个与互联网医疗有关的公众号，就可以经常前往"好大夫""丁香园"等网站，搜集一些素材，寻找创作灵感，从而生产出备受用户欢迎的原创文章。

2. 紧跟热点

热点可以分为两种，分别是可预测热点和突发热点。

1) 可预测热点

可预测热点有很多，例如情人节、国庆节等节假日，都是非常容易预测的热点；欧洲杯决赛日期也是提前就公布了出来，如果再细心一点，还可以注意到热门电影。

对于可预测热点，运营者应该有一张热点日历来将它们一一列出来，甚至提前将活动或者素材准备好。这个日历包括但不限于节假日、娱乐新闻、电影排期、世界赛事、国际形势、科技产品发布会等内容。

2) 突发热点

有些热点是不可预测的，例如之前的"武汉看海""葛优躺"等，几乎都是难以预测发生而又瞬间成为焦点的。

对于这类热点，运营者能做到的只有及时发现和迅速响应。微博、百度、搜狗等网站可以查询实时关键词，一般来说每天早上看一次，中午看一次，热点就不会错过了。

所以，运营者一方面可以为这些热点做好推送计划，另一方面，如果一时找不到可以推送的内容，也可以去刷一下最近有哪些热点可以追。追热点其实也是一门学问，比如争议性的少追，政治性的少追，与自己不相关的不要追。

3. 栏目化运营

栏目化运营也是一个非常好的内容运营策略。它可以非常好地指导内容生产，甚至做到标准化产出，降低运营成本。

例如，做校园公众号，每周一发校园活动资讯，周二发校园名人访谈，周三发鸡汤文，周四发学校大礼堂影讯，周五发吃喝玩乐推荐，周六发语音，周日休息。这样的一个规划让我们的运营方向十分明确，新人加入之后也可以快速上手。

在固定栏目规划中，有以下几点需要注意。

(1) 栏目应该以用户想看的为第一标准，不要发用户不关心的。

(2) 栏目应该可持续化，不能两三期之后就没文可推了。

(3) 栏目应该有清晰的标识，例如标题格式《本周影讯 | 我和我的家乡+夺冠》等，要有固定的排版样式。

4. 做活动

如果运营者的策划能力比较强，也可以考虑通过做活动的形式来增加与粉丝的互动，同时减轻一些推送压力。

但是不得不说，如果运营者仅仅是想靠活动来减轻运营的压力，那最好还是不要这么做。因为愿意参加活动的用户，往往都是平台最忠实的用户，如果运营者的活动办得不好，影响用户体验，就很有可能失去这部分用户，产生极其恶劣的后果。

5. 精彩集锦

新媒体运营者还可以选择"炒冷饭"，拿一两年前的文章，加工梳理一下做成推送集锦，像大礼包一样推送给用户，方便受众体系化地阅读。有些公众号现在还支持模板消息，可以更方便地把一些文章收录进去。其他公众号的文章也可以进行收录，但前提是经过对方的同意。

同样可以做成集锦的还有公众号本身，例如《做新媒体运营你必须关注的 20 个优秀公众号》《学习自媒体，看这 10 个公众号怎么玩》，还有一种方法是与同行业的公众号形成互推联盟，你来推荐我，我来推荐你，大家一起涨粉。

2.2.4 内容传播

作为一个新媒体运营者，不是单纯地去进行内容的整合原创，而是需要在内容传播的过程中，为产品的价值或品牌传播树立目标。这样才会成为一个真正意义上的新媒体运营者。

1. 内容传播越久，其产生的效益越大

一般来说，能产生持续效益的内容大致可以分为知识体系型、专家科普型、活动持续型、答疑解惑型、品牌传播型。在这些内容产出的背后，运营者可以在其中包装一个虚拟客服的角色(这个角色也可以是非必要的，主要取决于你的产品)。这个虚拟客服的作用是：及时与用户进行在线互动，并沉淀平台的优质用户。尤其在以服务为主的平台里，这个虚拟客服的作用意义重大，很多新媒体运营者在进行内容传播的时候会同时兼任着类似的"客服"角色，并把这部分人沉淀到自己的微信群中，这也是新媒体运营在进行用户运营时的常用方式。

但是，更多的新媒体运营人员容易犯的错误是将沉淀用户的方式止于微信群，没有进一步做深度运营，比如，如何把目标用户转化成平台或者 App 的付费用户，如何把群里 100 人的效益放大 10 倍，形成口碑传播，这些需要新媒体运营人员深入用户并与用户做进一步沟通，这种传统的方式称之为"用户的反馈机制"，一般由专门的客服人员来跟进。在早期创业的互联网公司，这项工作可能由新媒体人员兼任，类似的工作虽然不重要也不紧急，却是搜集用户反馈并推进产品或服务改进的较快路径。

2. 素材来自用户，建立品牌的口碑传播效应

做内容的目的是希望通过内容吸引用户，占据用户心智，为后续的各种商业化动作提供坚实的用户基础。然而，一个常见的现象是很多平台输出的内容并不差，但却无法有效地吸引和留住用户，内容的点击率和关注度很低。究其原因，在内容严重过剩、注意力日益成为稀缺资源的新媒体环境下，并不是有了优质内容就一定能够吸引用户，更关键的是这些内容是否是用户需要的、能否引起他们的心理认同和情感共鸣。

因此，新媒体平台在进行内容创作时，最佳的路径是从目标用户那里获取素材，将用户的"故事"写入内容，使用户在阅读内容时更容易产生共鸣，愿意主动分享、传播平台内容，从而既增强用户对平台的认同与信任，沉淀优质用户，又可以获得口碑传播效应。

3. 知识体系的构造源于你对内容运营的了解

作为新媒体运营，首先你得热爱内容运营这个岗位，它对文案、创意以及视觉排版等方面考验极大。内容运营属于运营岗位里面比较基础的岗位，大部分优秀的运营人员都有过内容运营的经历。同样，运营者也可以在内容运营中得到锻炼，诸如活动策划的能力、用户获取路径的规划、品牌传播的策划、数据分析的能力等。

在选择内容的时候，一定要本着原创的、优质的内容去做，原创之后才能形成自己的风格(内容风格、言语风格)，到那个时候，你一定是个带有自己鲜明标签的新媒体运营者。

2.3 打造新媒体超高阅读量

本节导读 最近几年随着较早几批个人媒体开始盈利,"新媒体"变得愈加火爆,开始呈现高增长的态势,赚钱的同时又能在网上激扬文字,何乐而不为呢?那么如何打造超高阅读量便是新媒体运营者必须掌握的一项基本技能。

2.3.1 强调个性,贵在坚持

新媒体运营者首先应该明白的是,自媒体时代的媒介环境与传统媒体时代的媒介环境存在巨大的差异,运营模式以及技巧也有所不同。在同质内容泛滥的当下,每个新媒体运营者都应该拥有一定的个性,并长期保持这种个性。新媒体运营内容的个性化打造,如图 2-9 所示。

图 2-9

1. 找准定位

认准一点深耕细作,不仅能获得成长,而且也能形成特色,让读者更容易记住你。定位需要结合自身的优势与用户需求,这里尤其需要注意不能盲目追求热点。热点领域虽然有更多的受众群体,但竞争也会异常激烈,而且新媒体运营者自身也不一定具备这方面的专业知识。如果定位出现问题,新媒体运营将很难获得成功。

2. 坚持个性和个人观点

新媒体的价值就在于其个性,表达意见要铿锵有力、旗帜鲜明。就像人一样,个性是新媒体的重要标签。坚持个性、能够表达独立观点的新媒体更容易沉淀出一批忠实粉丝。虽然个性也意味着细分，会使目标群体规模受限，但移动互联网使新媒体受众扩大到全世界，如果内容能够符合目标群体的需求，获得流量是水到渠成的事情。

3. 持续输出精品内容

影响力是一种积累的过程，而做事最忌三天打鱼两天晒网，新媒体的爆炸式增长让读者获取信息的来源极其丰富，因此转移成本可以忽略不计。不能够持续输出精品内容的新媒体会让粉丝大量流失，之前的努力只能付之一炬了。

2.3.2 学会模仿，巧立标题

介绍完原则问题，接下来介绍运营好一个自媒体平台究竟要怎么做？首先是标题，如何写好标题也算是老生常谈了，其作用不言而喻。正所谓"天下文章一大抄"，作为一个新人，模仿他人标题的写法是快速成长之道，模仿得多了，写起来也就顺手了，这并非是一件丢人的事情。平时写作过程中运营者需要不断地琢磨，碰到吸引人的、阅读量高的标题就搜集起来以便学习，其实一个好的标题大致具有以下几个特点，如图2-10所示。

图 2-10

1. 紧扣热点

紧扣热点不仅能引起别人的阅读兴趣，而且有利于搜索优化，在新媒体平台上还可以获得更多推荐。这就和微博上做推广一样，总要在博文中带上一些最近热搜的话题以增加搜索曝光度是一样的道理。

2. 设置悬念，引起疑问

相较于直接告诉读者结果，模棱两可、设置疑问或者欲言又止往往更加引人好奇，当然，这种标题并非是加个问号、转换个句式这么简单。

例如，关于手机系统的文章可以采用类似《EMUI 11、MIUI 12、IOS 14 到底谁强？不服来辩！》的标题，即可体现出效果，虽然会引发口水战，但对于传播推广有着良好的促进作用。再如，标题为《××××年还剩两个月，××××总裁竟做了这个决定……》，标题欲言又止，总裁到底做了什么决定？再加上××××年只剩两个月的气氛烘托，很多有好奇心的人都会点进去看，阅读数据当然会表现不俗。

3．直击痛点，突出实用

这种适合科普类的或者实用技巧类、经验分享类的文章，当然如果能结合热点收效更佳，所以说这几个特点并非是完全独立的，可以结合起来使用。比如，标题为《教你一招卸载内置推广软件，妈妈再也不担心手机内存不够用》，这就是把握了国内手机内置应用泛滥的痛点，手机小白往往会点进去寻求解决办法，自然会达到超高的阅读量。

4．调动读者情绪

在电视上看到革命游行的情景，总会有人事先站在高台上振臂高呼，这些人最擅长调动人的情绪，他们是依靠语言和动作，而我们要依靠文字。比如，《微信里的这些开关，关掉！太危险了！》这类文章标题就含有一些恐吓的意味，事实上并没有那么严重，但足以引起人的兴趣。而且这也设定了一些悬念，哪些开关危险？点进去读了你才知道。

5．多写多问

俗话说："纸上得来终觉浅，绝知此事要躬行。"看再多好的标题也没用，还是要多写多练习，还有就是要多问。问什么？文章发布之前先把标题拿给别人看看，问问他们如果看到了会不会点进去阅读？为什么会？为什么不会？标题怎么改别人才会感兴趣？而且，新媒体运营者不仅要把自己当成作者，写完了还要把自己当成读者，如果自己都觉得不够吸引人，怎么去获得别人的关注呢？

2.3.3　懂得甄别，重点突破

其实并非所有的优质文章都值得大力推广，在资源有限的情况下，甄别出优质内容并进行重点突破才是王道。

优质内容首先应该符合基本的原创、通俗易懂、阅读体验良好等要求。不过追踪数据会显得更加直观、更具有指导性，这里所说的数据主要有 4 类：阅读量、评论量、转发量和收藏量。

其中对于判断内容是否优质有着决定性作用的是后两者，为何这么说？其实内容的创作和传播最终目的无非就是增加曝光和阅读量,但阅读量的高低并不一定代表着内容好坏,因为读者很有可能是被标题或者配图吸引进来,评论量也是如此,也许读者回复的目的只是想要对文章中的观点进行反驳。如果文章非常有用,读者的做法通常是要进行收藏,进而可能会转发分享给同事好友,可以这么讲:有用的内容才是优质的。而运营者找到了这些优质内容,进行数据优化就能非常有针对性了,对于今后的内容创作也具有非常大的指导作用。对于那些数据表现不佳的内容,新媒体运营者可以进行以下调整。

1) 修改标题

标题的修改看似是一项简单的工作,但创作出好的标题并非一件简单的事情,标题既要和内容密切相关,又要有吸引力,能够吸引读者点击。

2) 修改内容

修改内容时可以结合用户评论作出相应的调整,文章内容方面的问题是非常多元化的,有的是因为内容有过多的专业术语,使文章晦涩难懂;有的是因为文章缺乏独立观点,和其他文章雷同等。

3) 增加回复量

自媒体平台在流量分配方面,会给回复量较多的内容更多的支持,所以新媒体运营人员可以引导忠实用户评论、留言。在条件允许的情况下,可以通过评论参与抽奖的方式提高回复量。

2.3.4 内容选择,掌握方法

有用的内容才是优质的。话又说回来,写什么样的内容才是有用的呢?在互联网中实现大范围传播推广的营销内容,往往需要遵循以下4点特性,如图2-11所示。

图 2-11

1. 原创性

原创内容向来是各种媒体平台主推的内容,微信、微博、知乎、今日头条等媒体平台都推出了原创作者扶持计划,对原创作者给予资金以及流量等方面的支持。所以,新媒体运营者也应该保持内容的原创性。虽然原创内容可能需要更多的时间成本，但是为了提高用户黏性，获得更多的流量支持，定期推出有独立观点的原创内容是很有必要的。

2. 独家性

如果能够掌握独家的新闻爆料等自然是最好的，但网络使得信息可以快速传播，当你知道的时候别人很快也能知道，如果大家都写同一个事件，效果一定不会很好。

此时，能够寻找合适的独家剖析点、切入点来确定新闻或点评题材内容显得非常重要。例如，运营者在运营头条号的时候，写作前先登录头条首页，输入相关内容关键字来查询、浏览别人已经发布过的内容，以确保自己的创作为独家角度，呈现独立解说观点。配图也是如此，尽可能创造类似新闻图，还可以通过增加引用文字等独特提示来使得文章在格式上拥有一定创新。

3. 时效性

创作的内容特别是新闻类内容要特别注意其时效性，已经过时的消息没有发布的意义，即使发布，其数据效果也会大打折扣。当然，这里所说的"时效"不仅仅指内容本身，如果难以找到独家剖析点，抢先发布也是一个很好的选择。

4. 非认知性

人人都有好奇心，读者对于其未知的事物才会提起兴趣。这样一个心理，对内容创作具有非常重要的意义。大街小巷人尽皆知的事件，即使到今天依然是个热点也不要按部就班地去写，要尝试挖掘出一些别人不知道的东西。例如在某平台上有一篇文章《MIUI 系统的这些隐藏功能你知道吗？》获得了 15W+的阅读量，作者就是在尝试挖掘出 MIUI 系统用户所不了解的事物，来引发这个群体读者的兴趣。

2.3.5 掌握原则，获得推荐

在新媒体传播平台中，获得官方的推荐是增加曝光最有效的手段，没有推荐的文章，其数据往往不会令人满意。那么影响推荐量的因素有哪些？具体来看，在新媒体平台中获得官方推荐的技巧主要包括以下几点。

（1）内容原创并尽可能地抢先发布。文章内容与网上已有内容雷同或高度相似，将无法得到推荐。开通原创功能的读者，将有可能获得更多推荐。

（2）点击率和读完率。即点击标题并读完文章的人越多，推荐越高。例如，今日头条的后台会首先把文章推荐给可能感兴趣的用户，如果点击率高，再一步步扩大范围推荐给更多相似用户。针对读完率，运营者可以在文章开头设置一些悬念，或采用非常手段，如在开头设置一个谜语或者脑筋急转弯并在文末公布答案等。

（3）文题一致。做恰如其分的"标题党"，避免让用户产生被欺骗的感觉。

(4) 确保内容质量。优质的内容才是新媒体运营的根基。

(5) 定位明确。如果推出的文章题材繁杂，没有明确的标签，无法实现和用户的快速匹配，必然会影响后台系统的推荐。

(6) 互动数、订阅数。读者越活跃，推荐越多。比如，在今日头条中，最近 30 天内阅读该账号内容两次以上且阅读率(阅读/推荐)不低于 50%的用户被定义为月活跃粉丝。

(7) 站外热度。即要把握热点，在互联网上关注高的话题，后台系统会向用户推荐与这类话题相关的内容。

(8) 发文频率。即要坚持精品内容输出，经常发文、保持活跃很重要。

2.3.6 善用手段，促进传播

其实能够促进内容阅读和传播的技巧还有一些，如图 2-12 所示。

图 2-12

1. 适应搜索引擎

很多内容通过百度等搜索引擎也能看到，为了便于搜索引擎的抓取，标题及内容要尽量遵守以下标准。

- 同一篇文章发到不同的平台，需用不同的标题，且首段内容要做一定的调整，增删语句都可以。
- 标题搭配时事热点、行业热点，并体现出该文的主题词(即关键词)。如《京东阿里掐架哪些才是真实的降价》一文，标题中"京东阿里"是最近热点，"降价"是文中的关键词。
- 文章关键词(即文章主题词)尽量选用用户敏感的、热点的和百度搜索栏下拉词。
- 关键词密度：标题中完整出现关键词 1~2 次，正文中关键词完整匹配出现 2~8 次，做到均匀分布。
- 标题中尽量少出现标点符号，句子不能过于简单，需要在关键词的基础上适当延展，且与文章内容要相符，不能文不对题。
- 正文字数：不少于 500 字。
- 原创度：80%以上为原创。

2. 注意内容排版

文字排版简洁整齐，配图不少于 3 张且要大小一致，可以加入"引用""投票""视频"等来丰富文章内容。

3. 适当地使用图表

图表更加直观易懂，而且显得专业有说服力，往往更容易使得读者愿意分享。

4. 把握发布时间

研究表明，新媒体平台内容的最佳发布时间是在中午的休息时间和晚上下班后，无论是上班族还是学生党，这段时间都是空闲的，上网浏览新闻等是一种常态，因而文章被阅读到的概率大大增加；当然，上文也提到有时效性的内容还是要尽早发布。

2.4 新媒体活动运营技巧

本节导读　对新媒体活动运营人员而言，设计活动策划方案是一项基本的工作，但很多运营人员往往更注重创意，认为活动策划方案只不过是细枝末节，有了好的创意，自然不用担心执行的效果。但事实并非如此，由于很多用户不能理解活动的内涵、执行人员缺乏协调配合等，相当多的活动推出后根本不能取得预期的效果。本节将详细介绍新媒体活动运营的一些技巧。

2.4.1 活动运营细则的 5 个要素

活动运营细则明确了参与活动实施的各部门、各岗位的主体责任，也为参与用户提供了指导与帮助，更关键的是，活动在实施过程中，当用户利益和企业利益发生冲突时，它将是处理纠纷的重要依据。下面详细介绍活动运营细则中具体包含哪些内容，如图 2-13 所示。

1. 活动信息的完整复述

活动细则一般是活动专题页面的重要内容补充，而优秀的活动专题页面为了表现力与设计感，能够承载的文字内容往往是有限的。所以，活动细则首先需要将活动的基本信息，如活动时间、活动对象、活动内容、活动参与条件等进行一次完整的呈现。

图 2-13

2. 活动词汇的定义

活动策划经常会陷入一个误区，就是认为自己经常撰写的活动词汇大家都理解其意思，而这往往会导致一种沟通障碍。正如图 2-14 所示的乔哈里视窗(又被称为沟通视窗)，并不是传递的所有活动信息都处在公开区，词汇定义的作用就是尽可能将活动信息中的隐蔽区和盲区在活动前就挖掘出来，以助于理解和执行。

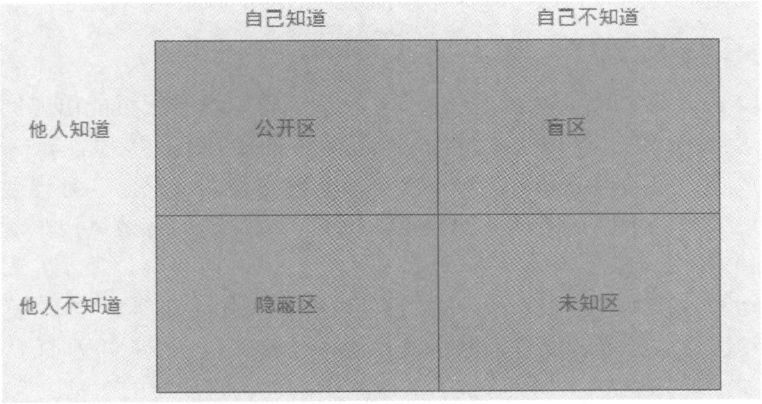

	自己知道	自己不知道
他人知道	公开区	盲区
他人不知道	隐蔽区	未知区

图 2-14

比如，新媒体运营平台做活动，有时候是针对粉丝，有时候是针对会员，也许大多数策划会觉得粉丝和会员这两者概念如此明朗，不用定义，但实际上对于用户却并不一定清楚，所以在活动细则中需要补充。粉丝指的是关注××微信公众号的用户，会员指的是已经在××微信公众号绑定手机号并完成注册的用户。对其他内部的表述方法，更是需要增加定义说明，这样才便于大家理解，有助于有效沟通。

3. 活动特殊场景的限定说明

活动策划完成后，建议与执行人员、客服人员一起沟通，尽量听取他们的意见和建议，并就活动执行过程中可能出现的特殊场景进行限定说明，常见的活动特殊场景包括以下几种。

(1) 本活动是否与其他活动同时共享。

(2) 如果发生退款、退货、退单等情况，活动参与是否有效。

(3) 活动是否存在对象、地区、次数等其他限制。

(4) 如果是消耗用户权利(如积分、支付金额)等参与活动，活动结束后如未获得福利，相应的权利是否返还。

(5) 是否需要某种操作才可以参与活动，如果用户操作时出现问题谁承担责任，指定操作要求逾期未参与是进行提醒通知还是视为自动放弃。

(6) 奖品是否允许退货或者折现，如果发放的奖品存在质量问题由谁负责。

(7) 如果出现其他渠道、其他平台对活动的不同解释，以哪个平台的活动说明为准。

以上仅为一些简单的特殊场景，实际上，任何一个活动都不可能是完美地按照运营者的设想发展，而可能出现各种各样的特殊情况，只有与执行人员、客服人员以及其他更有经验的策划、运维人员进行沟通，才能够明白一个活动有可能出现的特殊场景。而活动细则需要提前对这些特殊场景出现时活动的执行进行限定。

4. 活动的风险提示

活动风险是活动特殊场景的进一步演化，活动特殊场景很可能出现例外情况，做出限定是为了解决纠纷，同时也尽量保证活动方方面面细节的完整性。

而活动风险一般是指策划人员最不希望活动时出现的情况，一旦出现，活动策划人员需要通过细则提示用户活动方的决定，从而实现活动的有效风控。活动风险通常包括以下几种情况。

(1) 活动平台被黑客攻击，或者有用户进行系统刷单等情况时的对策。

(2) 活动出现服务器、设备、网络及其他系统BUG故障等情况时的对策。

(3) 活动出现其他主办方不可抗力的因素影响活动进展时的对策。

一般风险控制最好包括对内和对外两个版本：对内是出现各种风险时的解决方案，包括对外口径；对外则是出现风险时的责任明确与用户须知。

5. 活动未尽事宜仍受约束

正如前面提到的"乔哈里视窗"中反映的，除了公开区、隐蔽区、盲区在活动细则中可以尽量完整地说明外，还存在一个未知区，毕竟没有最完美的活动方案，执行过程是一个非常复杂的环节，很有可能出现谁也没有预料到的情况。

所以建议在活动细则的最后增加活动未尽事宜仍受××平台通知的约束，如果在该通知平台进行了补充说明，则视为活动参与者均明确该补充情况。

最终解释权条款虽然有明文规定不得以"最终解释权"作为霸王条款侵害消费者的合法权益，在侵害消费者合法权益时该条款属于无效条款，但是对于本身表述可能存在理解歧义的条款，商家必须拥有解释权，故建议活动细则内还是需要保留。

综上所述，活动细则其实考验的是新媒体活动策划人员对活动整体的把控能力以及预见能力，考虑得越详尽，执行人员和客服人员也将越轻松。如果是更大型的活动，建议策划人员与客服人员在细则之外，补充详尽的活动Q&A，以示说明。活动运营细则对新媒体活动运营人员的全局把控能力有较高的要求，必须尽可能地考虑活动的方方面面，才能为活动的顺利开展奠定坚实的基础。

2.4.2 撰写活动背景的技巧

很多新媒体活动运营人员可能认为在活动策划书中加入背景描述显得有些客套，并不适合给同事及上司阅读，但事实上，这些内容对新媒体活动运营人员能否得到同事及上司的支持将会产生关键影响，因为他们通过背景描述可以了解该活动是否对产品及企业有足够的价值。

活动背景内容分析了为何需要组织该活动、通过该活动能够达成什么目的。它可以基于新媒体活动运营人员对市场环境及竞争对手策略的观察与分析，也可以基于对顾客群体进行的深入调查与充分沟通。具体来说，新媒体活动运营人员在编写活动策划书的活动背景时，可以从以下几个角度进行，如图2-15所示。

图2-15

1. 基于产品写活动背景

基于产品写活动背景的情况尤为常见，毕竟企业终究需要通过销售产品来获取利润。优秀的活动能够对产品推广及销售带来积极影响。这类活动背景通常会设计很多产品数据，当然，不同属性的产品的核心数据存在一定的差异，例如：App类产品尤其注重下载量、留存率、日活跃用户数及月活跃用户数量等，电商类产品强调订单量、客单价、转化率、销售额、复购率等，社交类产品则注重点击量、评论量、点赞量、转发量等。

当产品的核心数据发生明显波动时，往往需要通过策划活动对用户施加影响，此时，新媒体活动运营人员要在活动背景中提供详细的数据分析。当然，产品的不同数据并非独立的，它们之间存在一定的影响。例如：订单量、转化率、复购率及交易额之间就存在密切关联。

2. 基于热点写活动背景

从热点中借势是新媒体活动运营人员需要掌握的一项核心技能，也是企业从同质竞争的不利局面中突围而出的关键。社会热点往往能吸引大量消费者的关注，举办和热点相关的活动往往可以吸引更多的流量，从而达成预期的营销目标。例如，可以对比以下两句活动口号："领取 100 元代金券"和"情人节为另一半买礼品，领取 100 元代金券"。都是 100 元代金券，但后者明显会有更高的参与度，因为它利用情人节这一热点令消费者产生情感共鸣，从而做出更加有利于企业的决策。

热点包括确定性热点和不确定性热点两大类，固定性的节日日期就是确定性热点(春节、中秋节、国庆节等固定的假日就是典型的确定性热点)，而像索契冬奥会上面五环变四环就是不确定性热点。显然，确定性热点会因为过多的产品及品牌借势而影响活动效果，而不确定性热点虽然竞争性相对较小，但它需要企业能够快速、灵活地做出反应。

3. 基于竞品写活动背景

当然，新媒体活动运营人员也可以在对竞品的市场表现、营销策略等进行深入分析的基础上设计活动背景。一般来说，如果能在背景内容中加入详细的竞品数据，会使活动策划书的说服力得到明显提升。

4. 基于人群写活动背景

在以用户为主导的新消费时代，针对目标用户群体特性设计活动背景，在新媒体活动运营人员撰写活动策划书中尤为常见。活动的目的是迎合用户需求，或是提高用户对产品的购买率、使用频率等。例如，对游戏厂商来说，当很多消费者在企业的社交媒体公众号中留言要求复刻某项活动时，通过及时开展活动来满足用户需求就是很自然的事情；而想要提高玩家对某种付费道具的购买率时，可以通过策划代金券抽奖活动达成目标。

2.4.3 有效提升用户参与度

用户广泛参与的新媒体活动，不但可以直接带来营销额的增长，还能够有效提升产品及品牌的曝光度，扩大口碑传播。那么，新媒体活动运营者应该如何有效地提升活动的用户参与度呢？

1. 头等奖越高＝参与人数越多吗

在微博、微信等新媒体平台中，我们经常看到转发活动参与抽奖，幸运用户将获得新款苹果手机、平板电脑等奖励的营销内容。在传统媒体时代，在活动中将诱人的奖励作为噱头确实可以提高活动的参与度，但如今人们对这种泛滥的广告已经产生了免疫力，见到这类信息时，会更理性地思考中奖概率、活动的真实性、参与活动的时间成本等因素，因此用户参与活动的积极性并不高，所以，活动头等奖越高并不意味着活动参与人数就越多。

2. 低价格奖品＝低参与度吗

运营者都希望能够为消费者提供使之产生情感共鸣的内容，能够直击用户的痛点，但要做到这些是一件非常困难的事情，而且只有情怀也很难真正打动消费者，所以，为消费者提供奖品是很有必要的。运营人员在选择提供给消费者的奖品时，要分析用户心理，考虑用户需求，然后考虑奖品价值。充满诚意的小礼品同样能够打动消费者，吸引其广泛参与并主动传播。

3. 免费参与＝好主意吗

如今，很多企业微博营销公司将免费策略作为提高用户参与度的制胜法宝，免费策略在激发用户参与积极性方面真的能担此重任吗？

"情怀大师"罗永浩在做英语培训期间为推广其课程设计的营销活动，被很多营销从业者奉为经典。该活动围绕 1 元可以听 8 次课展开，如果潜在学员体验过后感觉课程对自己确实有帮助，就可以购买全部课程。该活动中采用了"一块钱可以买什么，一节电池、一个鸡蛋……或者是听 8 次老罗英语课程"的文案，这种营销手法至今仍被很多企业采用。

如果按照大部分人的逻辑，罗永浩直接采用免费听课的方式，在当时确实能吸引更多学员前来试听，但免费策略存在以下弊端，新媒体活动运营人员必须对其慎重。

(1) 通过免费参与获得的用户虽然规模较大，但不利于筛选出对企业有价值的目标用户群体。

(2) 让用户养成了免费的习惯。爱奇艺、优酷土豆、腾讯视频等视频网站之所以不能采用 Netflix(Nasdaq NFLX，一家在线影片租赁提供商)的商业模式实现盈利，就是因为此前各方为了抢夺流量实行免费策略，使用户养成了免费观看视频节目的习惯。

(3) 免费策略对企业进一步扩展用户价值存在负面影响。对挖掘用户群体价值而言，比较合适的策略是开始时收取少量费用，然后随着用户黏性增强以及自身产品的不断改进而逐步提高费用。而从免费过渡到收费，对用户群体来说是一件相当难接受的事情。

4. 推广周期长=参与度高吗

许多运营者在做活动时会有这样一个想法：推广的时间越长，知道的人越多，参与度就会越高。然而同时，运营者也忽略了一个问题，就是传播周期太长的话，用户不好把握参与活动的时间，进而影响参与度。

虽然运营者对某件事有一定的计划，但是计划是有可变性的，谁也不能很准确地预测未来的某个时间点具体在做什么，因此对于用户来说也是这样的。每一个现场活动都有一个时间点，如果太早看到的话，用户就会想到了那个时间点，自己能不能参加、有没有时间参加。

另外，推广的周期太长，容易错过传播的黄金时间。从信息发布到一次传播、裂变以及销声匿迹，一个传播周期最长是 7 天，也就是说，我们的推广周期最长不要超过 7 天，这也是很多活动在推出去前 3 天报名率最高的一个原因。

基于以上考虑，推广周期最早应该提前一周，最晚 3 天，最好的是 3～5 天。把握信息传播周期，最好用两轮推广，"软+硬"相结合的方式。第一轮推广，运营者可以用故事性或好玩的段子，吊足用户的胃口，让他们很轻松地接触到活动信息。到了第二轮的时候，就可以使用硬广信息，比如电商常用的打折信息等。

5. 成功策划=成功活动吗

前 4 点都属于活动策划期的一些动作，但一场成功的线上活动，包括以下几个阶段：策划期、物料准备期、活动执行期、推广期及上线期等。策划期是一场活动的基础，固然很重要，但如果没有后续的执行推广，也是不完美的。

其中物料准备期是很关键的，包括活动方案的呈现和输出。运营者在做活动方案时一定要做加法，要把整场活动所有的维度全部考虑进去，一定要详细，想得越多越好。比如在考虑预算时，要把一支笔、一张纸或一瓶矿泉水的费用都考虑进去；在考虑活动上线环节的一个客服答疑的时候，要想到是用 QQ 还是微信来做。总之，先做一个很详细的方案，再根据后期的具体情况酌情删减。

活动执行期也非常重要，运营者一定要准备 3 张表，第一张是物料表，它是基于活动方案的基础设置的，把要用到的所有物料都列进去，不断地去查缺补漏。第二张是时间计划进度表，这张表一定要包括事项名称、所要达到的要求以及事项的开始时间、结束时间、注意事项、进展情况等。可以把一个大的活动拆分成若干个小项目，方便及时推进。第三张是人员分工表，根据计划表，确定负责人和支持人，把每个人的责任都明确化、细节化，这样可以避免出现一些意外情况。在这 3 张表的基础上按部就班地去执行，这样才能够按照固定的时间节点去完成对应的工作。

活动上线之后，一定要严格遵守、执行活动规则和活动流程，要做到公正公平公开，让用户看到活动的公平性，这样对后续的宣传是非常有利的。

最后，就是做好一个活动的总结，把活动中的成功点和不足之处，及时有效地进行梳理，这对于以后的活动有一个好的指导作用。

2.5 新媒体活动文案运营

本节导读 文案对于产品的销售与品牌的推广活动都起着决定性的作用，是每一位新媒体运营者都必须要了解的内容。本节针对新媒体活动文案的具体内容进行分析，认识这种广告艺术的表现方式及写作思维，并且对新媒体运营进行详细介绍。

2.5.1 新媒体活动文案的组成和要求

在新媒体商业活动中，精彩的文案往往能够让一个企业在众多同类型公司中脱颖而出。文案是竞争的利器，更是企业的核心和灵魂所在。对于企业而言，优质的活动文案可以促进品牌推广、提高人气和影响力，进而提升企业声誉，获得更多的用户。

1．活动文案的构成

活动文案主要是由标题、副标题、活动正文、活动口号这 4 个部分构成的，下面分别从实际意义和内容要求两部分具体介绍这几个构成部分。

1）标题

标题是活动文案的主题，在内容上往往也是活动的诉求重点。

- 意义：吸引人们对活动的关注，给大众留下深刻印象。只有当受众对标题产生兴趣，才有可能去阅读正文。
- 内容要求：语言运用上要简明扼要，内容易懂易记，表达清晰，新颖有个性，句子中的文字数量一般在 12 个字以内。

2）副标题

副标题是相对主标题而言的，是对主标题的补充说明。副标题属于文案的重要组成部分，关系到文案的内容表现。

- 意义：副标题是广告方案的组成部分，也是进一步表现主旨的环节，能够起到主标题不能替代的作用。
- 内容要求：副标题与主标题相呼应，或者是进一步地深化主题内容。在部分文案中也会以副标题的形式进行核心内容的直接展示。

3) 活动正文

对于任何行业而言，要想吸引粉丝、获得受众市场，不能没有活动的支持，而活动正文就是活动中最直接有效的部分。

- 意义：以客观的事实、具体的说明来增加消费者对于商品的了解与认识。
- 内容要求：言简意赅，突出重点，同时文案内容要实事求是，通俗易懂。

4) 活动口号

口号的表现形式就是不断地重复，从而获得一定的宣传效果，属于一种战略性的文字。对于企业而言，口号是推广商品的基本要素之一。

- 意义：活动口号通过体现不同的活动产品特点和优势，使消费者掌握商品或服务的个性。
- 内容要求：在文字的形式上可以比较简洁、所用文字的内容明确，表达上独具趣味。

2. 创造活动文案的要求

活动文案是新媒体宣传中较为重要的一个环节，优秀的活动文案具有强烈的感染力，能够给商家带来数倍的收益和价值。在信息繁杂的网络时代，并不是所有的活动文案都能够获得成功，尤其是对缺乏技巧的活动文案而言，获得成功并不是轻而易举的事情。

从活动文案写作的角度出发，具体活动文案内容的文字感染力主要来源于 4 个方面，如图 2-16 所示。

图 2-16

1) 准确规范的信息

随着互联网技术的发展，网络中每天更新的信息量是十分惊人的。"信息爆炸"的说法就来源于信息的增长速度，庞大的原始信息和更新的网络信息以新闻、娱乐和广告信息作为传播媒介作用于每一个人。

对活动文案创作者而言，要想让文案被大众认可，能够在庞大的信息量中脱颖而出，首先需要的就是准确性和规范性。在实际应用中，准确性和规范性是文案写作的基本要求，具体的内容分析如图 2-17 所示。

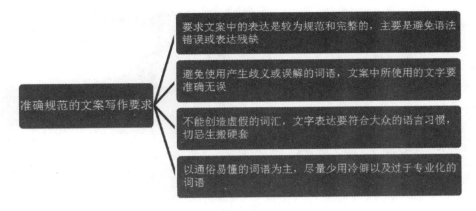

图 2-17

准确和规范的信息能够促进新媒体文案的有效传播,节省产品的相关资金投入和人力资源投入等,从而创造更好的效益。

2) 精准的内容定位

精准的内容定位同样属于文案的基本要求之一,每一个成功的活动文案都具备这一特点。精准的内容定位不仅能够让产品更好地被受众群体所接受,还能让潜在的用户也被相关的信息所打动。对写手而言,要想做到精准的内容定位,可以从 4 个方面入手,如图 2-18 所示。

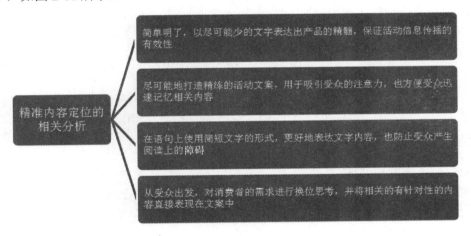

图 2-18

3) 生动形象的表现

形象生动、非常有画面感的文案会加深读者的第一印象,让读者看一眼就能记住。如图 2-19 所示,为某微信公众号的教师节借势文案。

图 2-19

对文案写手而言,每一个优秀的文案在最初都只是一张白纸,需要创作者不断地添加内容,才能够最终成型。创作者要想更有效地完成任务,就需要对相关的工作内容有一个完整认识。文案形象生动所起作用的相关分析如图 2-20 所示。

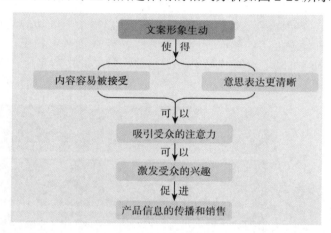

图 2-20

4) 突出主题和创意

创意对任何行业的新媒体文案来说都十分重要,尤其是在网络信息极其发达的现代社会,自主创新的内容往往能够让人眼前一亮,进而获得更多的关注。如图 2-21 所示为将颜色和行动联系起来的新媒体文案。

这个文案是麦当劳携手《史努比:花生大电影》这部电影,做了相关的主题活动和产品。将白色的汉堡与表白联系在一起,将黑色的汉堡与拉黑相关联,可谓创意十足。在突出产品主题的情况下,可以更好地让受众从视觉上接受广告。如图 2-22 所示为该主题活动的相关产品。

创意是为文案主题服务的,所以文案中的创意必须与主题有直接关系,创意不能生搬硬套、牵强附会。在常见的优秀案例中，文字和图片的双重创意往往比单一的创意更能够打动人心。双重创意文案如图 2-23 所示。

图 2-21

图 2-22

图 2-23

图片的创意在于将人物和背景进行双重曝光处理，同时结合广告文字的内容创意，共同突出广告想要表达的内容，打造出震撼人心的效果。

对创作中的文案而言，要想突出文案特点，就要在保持创新的前提下通过多种方式更好地打造文案本身。如图2-24所示为文案要求的诸多方面。

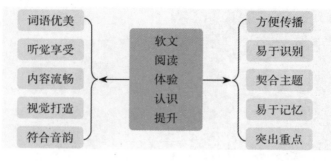

图 2-24

2.5.2 文案写作的方法和要求

作为专业的文案创作者，能撰写广告文案的复合型人才，对于公司的作用和影响是十分明显的。下面对文案写作的方法进行详细介绍。

1. 文案写作的方法

对于企业而言，无论是进行哪种营销活动的文案策划，其主要目的就是给企业带来经济利益，所以文案的成功与否直接关系到企业的发展前景。文案写作的内容和模式不容忽视。目前，主要有以下3种文案写作方法。

1）强迫思考法

强迫思考法主要是针对文案前期的写作，用于构建文案整体思路的基本结构，其相关分析如图2-25所示。

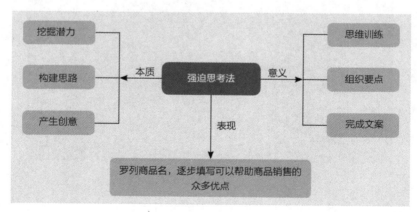

图 2-25

2) 延伸特点法

除了强迫思考法外，常见的还有延伸特点法，主要是在原有的商品特点的基础上进行思考延伸，进一步挖掘商品特点的潜在内容，需要以原有特点为出发点。如图 2-26 所示为苹果手机广告文案中的特点展示。

图 2-26

3) "倒三角"写作法

还有一种写作方式是模仿新闻学中的"倒三角"写作法，就是将文案的内容分为 3 个部分逐步完成，相关分析如图 2-27 所示。

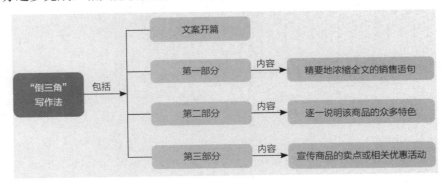

图 2-27

2. 网络文案的要求

文案涉及的领域有很多，不同的职位所需要的文案人员的能力不尽相同。如图 2-28 所示为某公司招聘新媒体文案人员的相关要求内容。从该图中可知，文案人员有专业、经验和文字能力的要求。

```
1. 负责网站相关栏目/频道的信息搜集、编辑、审
   校等工作。
2. 完成信息内容的策划和日常更新与维护。
3. 编写网站宣传资料及相关产品资料。
4. 收集、研究和处理网络读者的意见和反馈信
   息。
5. 配合责任编辑组织策划推广活动，并参与执
   行。
6. 协助完成频道管理与栏目的发展规划，促进网
   站知名度的提高。
7. 加强与内部相关部门和组织外部的沟通与协
   作。
任职资格：
1. 编辑、出版、新闻、中文等相关专业大专或以
   上学历。
2. 有媒体编辑领域从业经验者优先。
3. 熟练操作常用的网页制作软件和网络搜索工
   具，了解网站开发、运行及维护的相关知识。
4. 具有良好的文字功底，较强的网站专题策划和
   信息采编能力。
```

图 2-28

在职位招聘中，常见的对文案人员的要求主要集中于 4 个方面，相关的信息分析如图 2-29 所示。

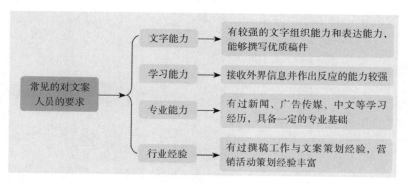

图 2-29

3. 可控的文字能力

对文案本身来说，内容是最重要的，优质的内容是文案营销成功的一半。因此，作为一名文案创作者，必须具备良好的文字把控能力。下面从几个方面对文案创作者可控的文字能力进行图解分析，如图 2-30 所示。

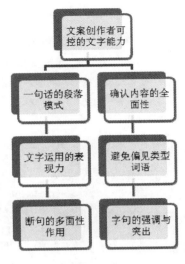

图 2-30

文案创作者是专业的文字工作者，需要一定的文字水平，掌握写作窍门，能够更高效率、更高质量地完成文案任务。因此，作为文案的创作者，理应把握好以上几种可控的文字能力。

2.5.3 文案写作的逻辑思维技巧

互联网时代，用户每天都可以通过网络获取无数信息，热点资讯、行业动态、明星、社会百科等，还有非常多的品牌和企业在疯狂地进行广告推广。而这些信息之间有一个共同点，就是需要优秀的文案能力。文案最重要的就是吸引用户的关注，要想通过文案产生逆袭大品牌的效果，首先需要认识的就是文案本身的思维逻辑问题。下面介绍一些文案的逻辑思维技巧。

1. 文案的写作思路需要循序渐进

事实上，在文案创作中要求以读者为中心，不仅是表现在文字本身，由此延伸的相关内容也同样直接影响到文案的成败。而在具体的创作中以读者为中心需要思考以下问题。

- 潜在读者——广告应该做什么。
- 消费利益——消费者为什么要购买本产品。
- 支持观点——让读者相信产品利益点的理由。
- 产品基调——产品的相关性能说明。

2. 突出文案内容中心

文案主题是整个文案的生命线，作为一名文案人员，其主要职责就是设计和突出主题。所以以内容为中心，要花时间下工夫，确保主题的绝妙性。整个文案的成功主要取决于文案主题的效果。在任何一个文案中，中心往往是最醒目的，也是文字较为简洁的，在广告类文案中，甚至只有一句话，例如保时捷广告文案"它就像孩子，你无法了解直到你拥有"，如图 2-31 所示。

图 2-31

3. 善于运用词语短句

文案的短句比长句所展示的信息更容易被接受，不仅仅是在文案创作领域，在其他的文字工作领域，如报社写手、公关人员、杂志作者等，文字的简洁和句子的有效性是一直被要求的。例如：让流利口语点亮你的未来；多一种语言多一种人生；××英语，让人生赢在起跑线上。

单个短句的效果可能并不突出，但是在较长篇幅的文案内容中，就体现出了长句不能达到的效果。文案中的长句往往会让读者精神疲劳，并且容易遗忘。

4. 以通俗易懂为重点

文字要通俗易懂，能够做到雅俗共赏，是文案文字的基本要求。这也是在文案创作的逻辑处理过程中，写手必须了解的思维技巧之一。 从本质上而言，通俗易懂并不是要将文案中的内容省略掉，而是通过文字组合展示内容，例如"去哪里不重要，重要的是×××去啊"。

5. 专业术语的适当性

专业术语是指特定领域和行业中，对一些特定事物的统一称谓。在现实生活中，专业术语十分常见，如在家电维修业中将集成电路称作 IC；行输出变压器俗称高压包:运算放大器简称运放;添加编辑文件简称加编等。

专业术语的实用性往往不一,但是从文案写作的技巧出发,往往需要将专业术语用更简洁的方式替代。专业术语的通用性比较强,但是文案中往往不太需要。相关的数据研究也显示专业术语并不适合给大众阅读,尤其是在快节奏化的生活中,节省阅读者的时间和精力,提供良好的阅读体验才是至关重要的。

2.5.4 文案常见的表现手法

文案在互联网时代有着不同的表现,在文案表现手法上,有 6 种专业且比较常见的手法。下面详细介绍这 6 种手法。

1. 有格局的精准文案

优秀的文案与产品结合,将会产生出乎意料的效果。如某位设计师为红旗轿车写的文案,只有一句话:从来没有一辆车,比它更适合检阅中国。由此可见,有格局的精准文案能够将产品本身的品质提升上去。对于读者而言,广告文案应该是一种深层次的品位,而不是单调的代言词。

并不是每一个文案都能够成为有格局的文案,好的文案一定是深度挖掘目标群体的需求,结合产品自身差异化特质所达到的完美契合,最终的表现效果是能引起受众共鸣的。如为烈酒与文案本身内容的契合的文案:将所有一言难尽一饮而尽,如图 2-32 所示。

图 2-32

2. 无装饰的精巧文案

无装饰性的文案想要打动人心,是以文字的形式获得图片的效果。敢于采用这种方式的产品少之又少。所以说无装饰性的文案往往会从品牌、创新两个角度出发。

3. 突出式的简短文案

对于文案创作者而言,不论文章的篇幅长短,最终的归宿都是一样的,就是文案的中心思想是不会变的。所以说，如果可以利用简短的话语就能够达到想要的效果，那何乐而不为呢？如图 2-33 所示为只用了几个字就将产品内涵充分表现出来。

图 2-33

4. 通过故事引人入胜

在文案创作中，采用故事同样可以为最终目标带来推动作用。创作者可以通过讲述故事来呈现产品，从而带来引人入胜的好效果。这里以长城葡萄酒的广告文案为例进行说明，如图 2-34 所示。

图 2-34

5. 注重韵律斟酌表现

文案中的文字也会产生不同的效果。优秀的文案是能够用简洁的话语突出重点，在表现形式上不啰唆。那么就要求创作者在实际操作中，注意以下几个方面，如图 2-35 所示。

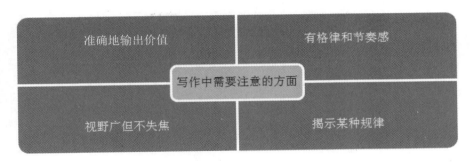

图 2-35

6. 华丽型的地产文案

在国内的房地产行业中，为了最大限度地营造富贵氛围，大多数房地产都是以华丽的文字为主，其次才是以情怀营销的。这种华丽的文字方式已经成为一种常见的文案风格。如图 2-36 所示为某房地产公司的华丽型广告文案。

图 2-36

在这类广告文案中，文案的文字是以堆砌的方式完成的，而不是简单地通过文字进行修饰，如常见的文字：梦想、传世、荣耀、骄傲、大美、巅峰、独尊、经典等。房地产的广告文案之所以是这样的，就是因为做到了从受众群体的角度出发，但是其他行业就不一定是完全适用的。

第 3 章　新媒体图文设计

　　新媒体时代，通过对图片、文字进行技巧性的安排和创作，可以使传播内容无声无息地直达用户内心，以更有趣、更容易接受的方式打动用户。本章主要介绍了新媒体图片处理和新媒体图文排版方面的知识与技巧。通过本章的学习，读者可以掌握新媒体图文设计基础操作方面的知识，为深入学习新媒体运营与推广知识奠定基础。

3.1 新媒体图片处理

本节导读 在新媒体文章中,作为视觉化呈现的一环,图片的重要性不言而喻。无论是微信公众号、微博还是今日头条等平台,都需要为文章配图。图片处理技能主要体现在以下几个方面,一是文章的配图,二是图片的处理、修改,三是需要设计制作一些海报设计。本节将详细介绍新媒体图片处理的相关技能方法。

3.1.1 新媒体封面图的获取与制作方法

目前新媒体封面图主要有两种形式,分别为图片、文字加图片。无论哪种形式,搜图都是制作封面图的必备技能。通过互联网进行图片搜索时,运营者必须知道如何找到无版权、可商用的高清图片。

1. 如何搜索到无版权高清图片

版权图片通常是指经过图片的著作权持有人(创作图片的作者或机构)授权,可用于商业、出版、展览等用途的图片作品。使用版权图片,可以联系图片的版权持有人并获得使用授权,但是这类图片在使用时,往往需要支付给版权持有人一定的授权费用。

常规的搜图,可以通过搜索引擎进行搜索。常见的搜索引擎有百度、搜狗、360搜索、必应、谷歌等。同样的关键词在不同的搜索平台中搜索到的内容不相同,通过不同的语言搜索得到的结果也不相同。在具体搜图时可以通过不同的搜索引擎和不同的语言(如尝试搜索"狗"或"dog")进行搜索,以搜到合适的图片。在搜索图片内容精准度以及可用图片丰富度方面,推荐使用谷歌图片搜索和必应图片搜索。

当搜索引擎不能搜索到满意的图片或需要使用无版权图片进行商用时,可以尝试在专业图片网站进行搜索。以下几个高清图片类网站,图片无版权的限制,可以用作商业用途。

1) Gratisography

Gratisography(网址为:https://gratisography.com/)为英文界面,仅支持英文关键词搜索。图片分类包括全部、搞怪、动物、人物、城市、自然、商业等。

下载方式:在网站内找到想要下载的图片,使用鼠标右键单击图片后,在弹出的快捷菜单中选择【图片另存为】菜单项即可直接下载,如图3-1所示。

图 3-1

2) 摄图网

摄图网(网址为：https://699pic.com/)为中文界面，支持中文搜索，专注免费摄影图，分类丰富且可免费商用下载。其网站首页如图 3-2 所示。

图 3-2

3) FREEIMAGES

FREEIMAGES(网址为：https://www.freeimages.com/cn)为中文界面，图片分类包括野生动植物、建筑、军队与武器、艺术与设计、汽车、商业与金融、名人、教育、时尚与美容、花草树木、游戏与卡通、食物与饮料、健康与医疗、节假日、家居设计、工业、自然风光、电源与音乐、户外活动、人物与家庭、宗教、科学与技术、符号与标志、运动与健身、纹理与样式、交通运输等。其网站首页如图 3-3 所示。

4) Pixabay

Pixabay(网址为：https://pixabay.com/zh/)为中文界面，Pixabay 是一家高质量图片分享网站。用户无须注册就可以获得免费版权的高质量图像。根据知识共享契约相关的肖像权，用户在该网站上传图片就默认放弃了图片版权，从而使图片得到广泛流通。网站允许任何人使用，修改图片，即便是在商业应用也不要求许可，如图3-4所示。

图 3-3

图 3-4

5) 其他高清图片网站

扫描以下二维码，如图 3-5 所示。获取其他图片网站，其中包含的各类图片库和摄影师摄影作品，均无版权限制。

图 3-5

除此之外，设计导航(网址为：http://hao.shejidaren.com/)可以对设计素材、灵感酷站、灵感画板、设计教程、配色、设计工具、尺寸规范、Sketch、信息图、前端开发、UED 团队、Designer Game、设计公司、培训机构等图片设计的各个方面进行索引，覆盖范围非常广，如图 3-6 所示。通过设计导航链接到的图库，包含收费、免费、无版权、有版权等各类图片及素材。

图 3-6

注意：免费下载、免费可商用的素材均禁止出租、转售、分割、注册商标等违反站方版权协议、违反当地法律法规的行为。

2. 如何精准搜索图片

在日常生活、工作中看到一张图片，想要找到这种风格的其他图片该怎么办？虽然通过图片类网站可以获取大量的图片，但并不能精准地搜索与这张图片风格类似的图片。

而采用以图识图方式对图片进行搜索，可以更精准地搜索到所需图片。与日常搜索先输入关键词对结果进行搜索不同，以图识图是对结果进行来源搜索。

目前，百度图片、360 搜索图片、搜狗图片等均支持将图片上传至搜索框，进而搜索出与上传图片类似的图片，下面以百度图片为例，详细介绍以图识图搜索图片的具体操作步骤。

第1步　首先输入网址"https://image.baidu.com/"，进入百度图片首页，单击搜索框中的相机图标，如图 3-7 所示。

图 3-7

第 2 步 弹出一个对话框,这里有 3 种方式可以选择准备搜索的图片,分别是"本地上传""粘贴图片网址""拖曳图片到此处",这里单击【本地上传】按钮,如图 3-8 所示。

图 3-8

第 3 步 弹出【打开】对话框,①选择准备进行搜索的图片,②单击【打开】按钮 打开(O) ,如图 3-9 所示。

图 3-9

第4步 返回到百度图片页面中,在对话框中显示"正在识别中,请稍后…",用户需要在线等待一段时间,如图3-10所示。

图 3-10

第5步 进入到【百度识图】页面中,显示所搜索的图片来源,如图3-11所示。

图 3-11

第6步 在【百度识图】页面中,继续往下翻可以查询到所有搜索到的相似图片,这样即可完成精准搜索图片的操作,如图3-12所示。

图 3-12

3. 制作封面图

保持优质的封面图,有利于提升阅读体验以及宣扬品牌品质。不同的平台对不同的封面图尺寸以及格式有着不同的要求。因此，在制作封面图的过程中需要注意以下事项。

1) 对封面图的一般要求

封面图不仅是一张简单的图片，不同的平台对于封面图的要求各不相同，有的对图片的格式有要求，有的则对图片的尺寸有要求。

微博头条文章对封面尺寸的要求是 1000 像素×562 像素，信息安全区尺寸为 1000 像素×400 像素。封面图格式为 JPG、PNG、GIF，封面图大小不超过 20MB。如图 3-13 所示为微博头条文章后台编辑框。

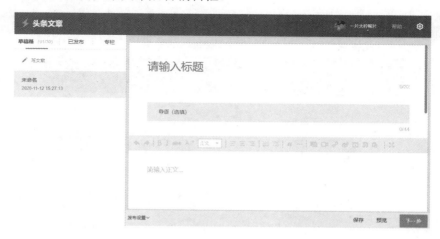

图 3-13

在微博网页版中，单击微博输入框下方的【头条文章】，即可进入头条文章编辑页面，如图 3-14 所示；在微博客户端中，单击底部 + 菜单后，单击【头条文章】即可进入头条文章编辑页面。头条文章的尺寸以及格式要求，在网页版与客户端上都是相同的。

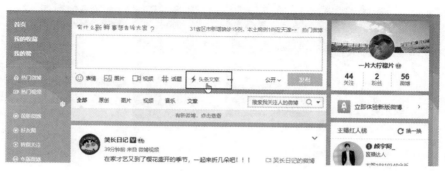

图 3-14

微信公众号对封面图的要求是尺寸比例为 2.35∶1，尺寸为 900 像素×383 像素，转发封面为 1∶1，微信订阅号对封面图的要求尺寸比例为 2.35∶1 或 1∶1，如图 3-15 所示。格式为 JPG、PNG、GIF，封面图大小不超过 10MB。

图 3-15

今日头条号封面图的尺寸没有要求，封面可选择"自动""单图模式""三图模式"3 种模式。"自动"即从图文中随机抓取一张图作为封面图，"单图模式"即上传图片后进行在线裁剪，"三图模式"仅在 Wi-Fi 环境下显示。如图 3-16 所示为头条号后台封面设置界面。

图 3-16

通过搜图找到的图片通常情况下是适合各平台封面图的格式要求的，但是高清图片往往会遇到文件过大以及尺寸不合适的问题，这就需要对图片进行裁剪和压缩。需要注意的是，当从一张大尺寸图片中裁剪出其中一部分尺寸时，裁剪后得到的图片大小相应会变小，因此在制作封面图时，先做图片尺寸裁剪，再做图片压缩是较为合理的制图步骤。

2) 使用 PPT 裁剪并制作封面图

裁剪图片尺寸的工具有很多,包括 QQ 截屏、Photoshop、美图秀秀等,甚至巧用 PPT 也可以对图片尺寸进行修改。为方便封面图的制作以及方便后续教学,下面以 PPT 为例进行讲解。

第1步 启动 PowerPoint 2016,依次单击幻灯片顶部【设计】→【幻灯片大小】→【自定义幻灯片大小】,如图 3-17 所示。

第2步 弹出【幻灯片大小】对话框,①在【幻灯片大小】区域中选择【自定义】选项,②输入宽度和高度,此处以"厘米"为单位,③单击【确定】按钮 确定 ,如图 3-18 所示。

 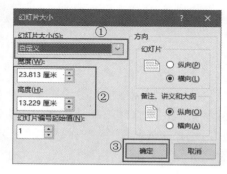

图 3-17　　　　　　　　　　　图 3-18

第3步 在 PowerPoint 2016 中,1000 像素为 26.458 厘米,562 像素为 14.87 厘米。设置好幻灯片尺寸后,通过幻灯片顶部【插入】→【图片】命令插入图片,鼠标左键单击图片的任意一个角,按住鼠标拖动进行等比拉伸,直到图片完全覆盖幻灯片,如图 3-19 所示。

图 3-19

第 4 步　根据对封面图的要求,可以在封面图上进行二次修改,如添加文字以及图标等。将图片插入幻灯片并调整完之后,单击插入的图片,然后单击【裁剪】按钮,在弹出的下拉列表框中选择【裁剪为形状】选项,如图 3-20 所示。

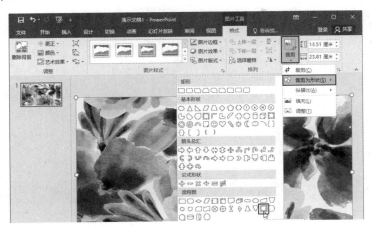

图 3-20

第 5 步　操作完成后,即可将目标图片裁剪为选中的形状,如图 3-21 所示。将图片裁剪完成之后,调整图片的大小,达到需要的效果即可。

图 3-21

第 6 步　封面图设置完成后,导出图片即可上传至相应平台使用。导出图片的方法依次为单击幻灯片左上方【文件】→【导出】→【更改文件类型】→向下滑动当前页面选择【PNG 可移植网络图形格式】或【JPEG 文件交换格式】→【另存为】,然后将当前幻灯片保存为所选格式的图片,如图 3-22 所示。

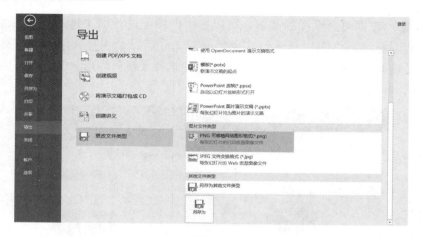

图 3-22

智慧锦囊 以上通过 PPT 进行裁剪并制作了封面，这种方式的优点在于：一方面可以把图片尺寸进行裁剪，另一方面可以压缩图片大小。通过 PPT 进行封面图的设计，大大降低了图片设计的难度。

3) 使用创客贴制作封面图

使用 PPT 制作封面图的优点不言而喻，而缺点则在于 PPT 封面图的制作需要自己动手设计各种图标元素。创客贴是一款极简的在线平面设计工具，无须下载任何客户端，只要计算机处于联网状态，打开浏览器进入网站即可使用。其丰富、可自定义且免费的可商用图片、图标、字体、线条、形状、颜色等素材，都大大降低了平面设计的难度。

打开网址 https://ww.chuangkit.com，登录账号后，在主页即可看到设计场景，用户可以选择适合自己的场景，如图 3-23 所示。

图 3-23

图片模板按照使用场景进行划分——公众号封面首图、手机海报、PPT 16∶9、印刷宣传海报、简历等，每个类别又以不同平台对图片尺寸的要求进行细分，这样的模板设计对于新手来说是非常实用的。这里单击【公众号封面首图】设计场景，如图 3-24 所示。

图 3-24

进入该设计场景，用户可以选择一个模板进入设计界面，也可以单击【开启空白画布】，进入设计界面，如图 3-25 所示。

图 3-25

进入设计界面，最左侧为功能导航区，中间白色部分为设计操作区，最右侧为预览区，如图 3-26 所示。

其中，左侧的功能导航区选择包含模板、图片、素材、文字、背景、工具、上传等功能。"模板"包含免费模板和付费模板。模板虽未分类，但会根据时下热点推荐适合的模板，如图 3-27 所示。

图 3-26

图 3-27

"图片"包含许多热门图片素材,如购物场景、职场形象、医疗健康、水果生鲜、文化教育、中医养生、电子数码、人物情感、美容美妆、旅游度假、建筑空间、生活方式、餐饮美食、节日假日、金融贸易、汽车交通、唯美写真、自然风光、鲜花植物、运动人像、服饰装饰等,如图 3-28 所示。

"素材"包含许多热门素材,主要有形状、线、箭头、插图、图片容器、文字容器、图标、图表、免抠素材等,如图 3-29 所示。

在"文字"中,操作者可以插入文本框或选用设计优美的字符进行简单修改并使用,如图 3-30 所示。

图 3-28

图 3-29

图 3-30

"背景"包含主题颜色、预设颜色、自定义背景,还可以应用系统做好分类的各种背景,如图 3-31 所示。

"工具"包含图表、二维码和表格这 3 项可高度自定义的功能,如进行插入表格或将图表进行表格编辑等,如图 3-32 所示。

在"上传"中,系统允许操作者上传图片等元素,用作图片背景以及图片中的元素等。每个元素的详细编辑均位于页面的上方,单击设计图片中的不同元素可以对颜色、字体等进行修改和编辑,如图 3-33 所示。

图 3-31

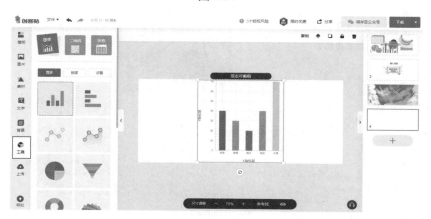

图 3-32

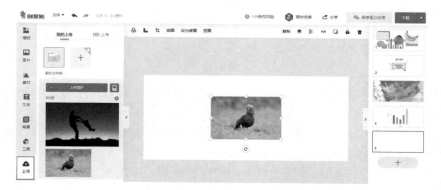

图 3-33

3.1.2 设计信息长图

在网上看到类似"一张图读懂××"形式的图片，往往将这类图片称为信息长图。顾名思义，这类图片的特点就是非常长。信息图由来已久，新闻编辑经常使用信息图来对一则新闻事件的来龙去脉进行解读。随着移动端用户量的增加，普通的信息图已经不能满足手机屏幕尺寸的阅读方式，信息图渐渐演变成了信息长图，如图 3-34 所示。

图 3-34

使用创客贴可以很方便地在线设计信息长图，具体操作步骤如下。

第①步　打开【创客贴】网址，登录账号后，在主页即可看到设计场景，往下翻，在【营销海报】区域中，选择【长图海报】选项，如图 3-35 所示。

图 3-35

第 2 步 进入【长图海报】页面,单击【开启空白画布】,如图 3-36 所示。

图 3-36

第 3 步 进入设计界面,遵循"挑模板、改元素、预览后导出"的原则,首先在左侧模板中,选择一个作为长图的模板,用户也可以搜索想要的模板,如图 3-37 所示。

第 3 章 新媒体图文设计

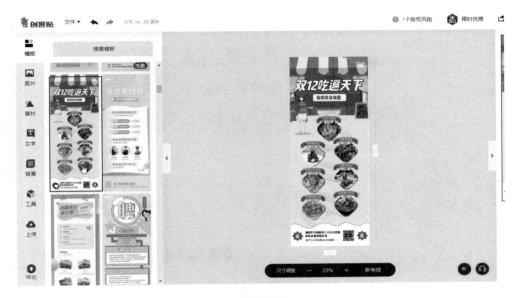

图 3-37

第 4 步　选择完模板后，双击文本框对文字进行修改，如图 3-38 所示。

图 3-38

第 5 步　用户可以替换模板中的图片，例如选中该模板中的二维码图，然后单击上面的【换图】按钮，如图 3-39 所示。

第 6 步　弹出【打开】对话框，选择准备替换的二维码图，然后单击【打开】按钮 打开(O)，如图 3-40 所示。

图 3-39

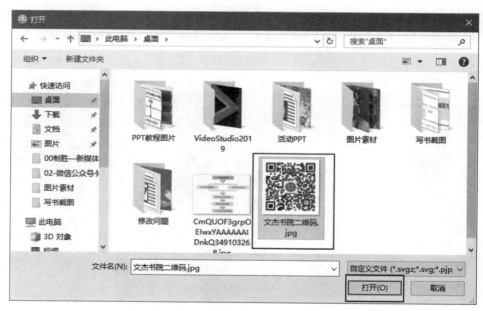

图 3-40

第 7 步 返回到长图设计页面,可以看到已经将所选择的二维码图替换,预览无误后,单击右上角处的【下载】按钮,即可导出所制作的信息长图,如图 3-41 所示。

图 3-41

因为创客贴对图表的可编辑空间并不是很大，若涉及较为复杂的图表可视化展示，可以使用"百度图说"工具(网址为：https://tushuo.baidu.com/)。

进入百度图说首页，单击【开始制作图表】按钮，如图 3-42 所示。

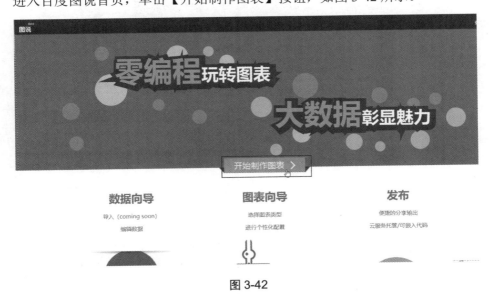

图 3-42

进入到下一个页面，该页面十分简洁，单击【创建图表】链接项，如图 3-43 所示。

弹出一个对话框，用户可以在这里选择准备创建的图表样式，根据不同的数据性质选择不同的图表样式，如图 3-44 所示。

图 3-43

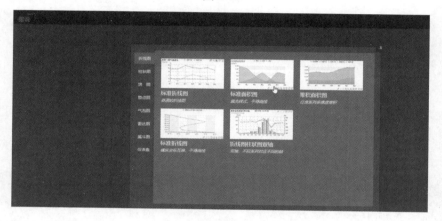

图 3-44

折线图适合表现趋势，柱状图适合表现对比，饼图适合表现比例，散点图适合表现相关性，气泡图适合表现相关性与对比，雷达图适合表现综合，漏斗图适合表现递进与对比，仪表盘适合表现指数。

将通过百度图说制作的图表上传到创客贴中，在信息图设计页面删除模板上不合适的图表，单击上传的新图表完成对图表的修改，完成后下载即可使用。

3.1.3 绘制 icon 图标

icon 是 Windows 的图标文件格式的一种，如图 3-45 所示。在计算机应用中，icon 文件名的后缀为".ico"。在图文中使用精心设计且符合品牌特性的 icon，如小标题、分隔符等，可以有效地提升图文的整体观感，提升主题账号的品牌形象。

icon 图标一直深受 PPT 制作者的追捧，它不仅是一种图形，更是一种标识，具有高度浓缩并快捷传达信息、便于记忆的特性。无论设计封面图还是信息长图，恰到好处的 icon 图标能够为图片增色不少。一方面，icon 图标能够最大限度地取代文字信息，满足视觉化设计需求；另一方面，icon 图标的使用可使长图的逻辑线更加清晰。

图 3-45

专业级 icon 的设计要求非常高，而一般的新媒体 icon 使用 PPT 制作即可。使用 PPT 设计 icon，一方面不用下载任何其他软件，另一方面使用 PPT 设计封面图和信息长图的同时，通过 PPT 设计 icon 图标，操作更便捷，兼容性更好。

PPT 制作 icon 图标必会工具——编辑形状。通过联合、组合、拆分、相交、剪除对形状进行重组，如图 3-46 所示。

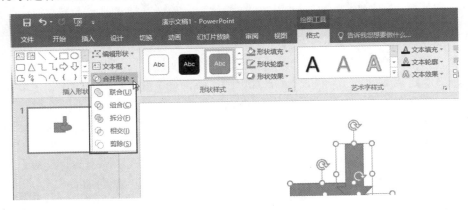

图 3-46

熟练使用以上功能制作 icon 图标，必须学会拆分各种图形并将其组合成图标，如图 3-47 所示。

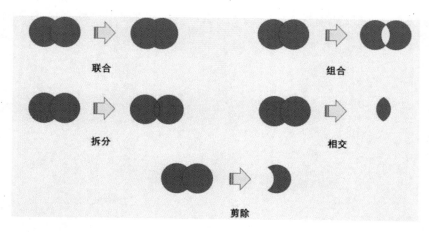

图 3-47

下面使用 PPT 制作一个 icon 人物图标，具体操作步骤如下。

第 1 步 首先利用【插入】→【形状】命令，绘制 3 个圆，且 3 个圆的大小不一，圆 a 的半径最大，圆 c 的半径最小，如图 3-48 所示。

第 2 步 重叠并相交。将圆 a 与圆 b 重叠，并"相交"，如图 3-49 所示。

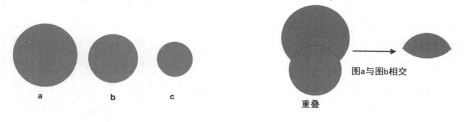

图 3-48　　　　　　　　　　　　　图 3-49

第 3 步 与圆 c 联合。将圆 c 放置于圆 a 与圆 b "相交"后的图形正上方，组成人物身体的一部分，如图 3-50 所示。

第 4 步 复制人物图标。复制出两个人物图标，并将复制出的人物图标适当地缩小，一共得到 3 个人物图标，如图 3-51 所示。

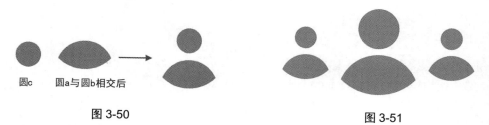

图 3-50　　　　　　　　　　　　　图 3-51

第 3 章 新媒体图文设计

第 5 步　重叠并剪除。将人物图标 a 与人物图标 b 进行重叠并"剪除"，得到人物图标 d，如图 3-52 所示。

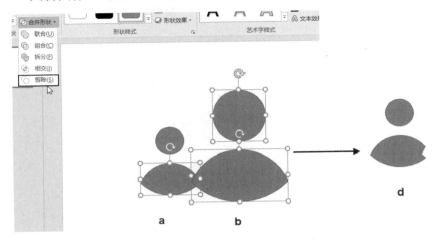

图 3-52

第 6 步　复制一个人物图标 d 并将其水平翻转。复制人物图标 d，然后执行【绘图工具】→【格式】→【旋转】→【水平翻转】操作命令，将复制的人物图标 d 水平翻转，如图 3-53 所示。

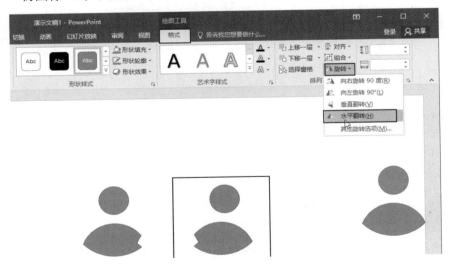

图 3-53

第 7 步　排列并组合。按照人物图标的队形进行排列，并全选人物图标，按下键盘上的 Ctrl+G 组合键进行"组合"，如图 3-54 所示。

第 8 步 PPT icon 图标保存。右键单击已组合图标,然后在弹出的快捷菜单中选择【另存为图片】选项,选择保存路径进行保存,得到一个透明底的图标,如图 3-55 所示。

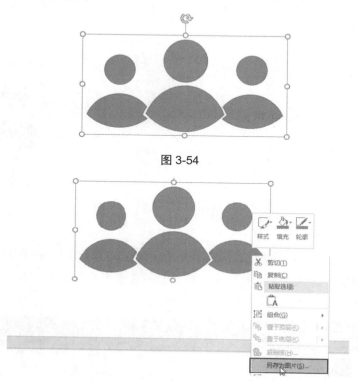

图 3-54

图 3-55

图标通过 PPT 设计完成后,可以在日常 PPT 设计、PPT 封面图、PPT 信息长图等 PPT 场景中使用,还可以将其以 PNG 透明底保存在计算机上,方便上传至其他平台使用。

3.1.4 制作九宫格图

九宫格图形状以 9 个方格组成,借用 9 个方格之间的关系,可以在海报设计以及社交媒体配图设计方面发挥更多创意。

竖版海报是新媒体平台上常见的配图形式,九宫图海报的设计就是社交媒体常用的配图之一,如图 3-56 所示。

图 3-56

下面以 PPT 为设计工具,介绍九宫格图海报的制作方法。

第 1 步 设计幻灯片大小。新建空白 PPT 文档,单击【设计】选项卡→【幻灯片大小】下拉三角按钮→【自定义幻灯片大小】选项,如图 3-57 所示。

第 2 步 弹出【幻灯片大小】对话框,方向选择为【纵向】,宽度和高度根据需要进行设定,单击【确定】按钮 ,即可调整为竖版幻灯片,如图 3-58 所示。

图 3-57　　　　　　　　　　　　图 3-58

第 3 步 选择【插入】选项卡→【形状】下拉三角按钮→【矩形】形状,如图 3-59 所示。

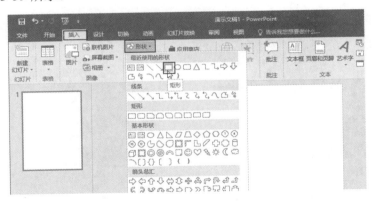

图 3-59

第 4 步 按住键盘上 Shift 键,然后按下鼠标左键并拖动,得到一个正方形,用这张正方形图片再复制出 8 张正方形图片,对齐排版成九宫格样式,如图 3-60 所示。

第 5 步　鼠标右键单击页面空白处，然后在【网格和参考线】中勾选【参考线】与【智能参考线】选项，可提高九宫图对齐效率，如图 3-61 所示。

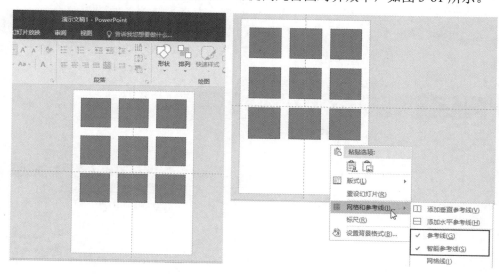

图 3-60　　　　　　　　　　　图 3-61

第 6 步　执行【插入】→【图片】命令，插入海报中需要添加的图片，然后双击图片，在【格式】选项卡中单击【裁剪】按钮，将图片裁剪成大小合适的正方形，如图 3-62 所示。

第 7 步　复制调整好的正方形图片，然后选中目标九宫图中的任一方块并单击鼠标右键，在弹出的快捷菜单中选择【设置形状格式】菜单项，如图 3-63 所示。

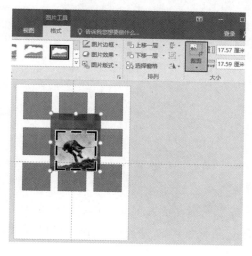

图 3-62

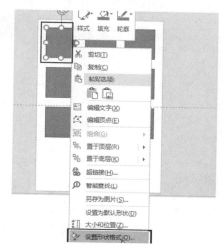

图 3-63

第8步 在PPT右侧调出相应的菜单,在【填充】区域下方,选中【图片或纹理填充】单选按钮,然后单击【剪贴板】按钮,如图3-64所示。

第9步 复制的正方形图片将自动填充到方块中(若无自动填充,可单击剪贴板),效果如图3-65所示。

图 3-64

图 3-65

第10步 使用相同的方法填充其他方块,填充的效果如图3-66所示。

第11步 根据需要调整九宫图方块的颜色并添加必要的素材信息,即可生成一张九宫图海报,效果如图3-67所示。

图 3-66

图 3-67

第12步 单击左上角【文件】选项卡→【导出】→【更改文件类型】→【PNG可移植网络图形格式】或【JPEG文件交换格式】→【另存为】选项,导出当前幻灯片，即可完成制作九宫格图的操作，如图 3-68 所示。

图 3-68

3.1.5 制作 GIF 图

GIF(Graphics Interchange Format)的原意是"图像互换格式"，是 CompuServe 公司于 1987 年开发的图像文件格式。GIF 文件的数据，是一种基于 LZW 算法的连续色调的无损压缩格式，其压缩率一般在 50%左右，它不属于应用程序。

GIF 分为静态 GIF 和动画 GIF 两种，扩展名为".gif"，这是一种压缩位图格式，支持透明背景图像，适用于多种操作系统，其"体型"很小，网络上很多动画都是 GIF 格式。

其实 GIF 是将多幅图像保存为一个图像文件，从而形成动画，最常见的就是通过一帧帧的动画串联起来的搞笑 GIF 图，所以归根到底 GIF 仍然是图片文件格式。但 GIF 只能显示 256 色，和 JPG 格式一样，这是一种在网络上非常流行的图形文件格式。

GIF 的优点如下。

(1) 优秀的压缩算法使其在一定程度上保证了图像质量，同时将体积变得很小。
(2) 可插入多帧，从而实现动画效果。
(3) 可设置透明色，以产生对象浮现在背景之上的效果。

GIF 的缺点如下：由于采用了 8 位压缩，最多只能处理 256 种颜色，故不宜应用于真彩色图片。

1. 搜集精美的 GIF 图

在图文消息中根据文字内容，配上恰当的动态 GIF 图，能为文章增添不少趣味，但如何找到这些制作精美的 GIF 图却成了一个难题。以下网站汇聚了各种类型的 GIF

图，用户可以根据需要下载。

1) GIPHY

GIPHY(网址：https://giphy.com/)为英文界面，GIF 垂直搜索引擎，支持英文搜索，是一个在线动态 GIF 图搜索引擎，也是一个搜索那些互联网中动态的 gif 动画图片资源的网站，号称 GIF 界的谷歌。GIPHY 的使用方法和其他搜索引擎一样，用户只需在页面顶部的搜索框中输入、上传自己想要搜索的内容，就能获得相关的结果。其网站首页如图 3-69 所示。

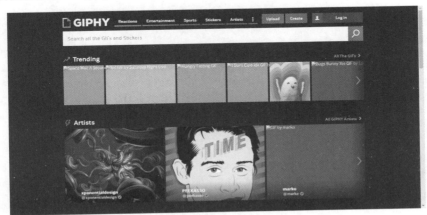

图 3-69

2) 花瓣网

花瓣网(其网址为：https://huaban.com/)是一个帮用户收集、发现网络上喜欢的事物的网站，在它的中文界面中搜索关键词"GIF"或"动态图"即可查看。其网站首页如图 3-70 所示。

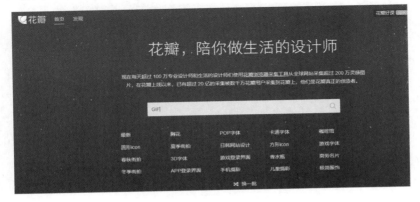

图 3-70

3) GIFBIN

GIFBIN(网址：https://www.gifbin.com/)为英文界面，不支持中文搜索及分类功能。其网站首页如图 3-71 所示。

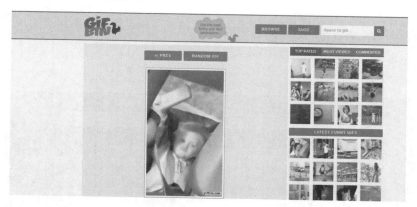

图 3-71

4) SOOGIF

SOOGIF(网址：https://www.soogif.com/)为中文界面，支持中文搜索，分类包含野表情、热点 TOP、艺术设计、明星爱豆、影视安利、综艺秀场、二次元、花花世界、劲爆体育、萌宠萌物、美食专栏、精选专题等。网站还提供了在线录屏、多图合成 GIF、视频转 GIF、GIF 拼图、GIF 编辑、GIF 裁剪和 GIF 压缩等功能，其网站首页如图 3-72 所示。

图 3-72

5) 堆糖

堆糖(网址：https://www.duitang.com/)是一个清新文艺的图片素材网站，新媒体小编最爱的素材网站之一，零门槛、零难度，通过使用关键词"GIF"就能搜索到想要的 GIF 图片。其网站首页如图 3-73 所示。

图 3-73

6) Topit

优美图网站(网址：http://topit.pro/)，是一个由用户上传图片的 UGC 型素材网，喜欢简约、清新、小众的用户，相信都会很喜欢这个以女性为主要用户的素材网。其网站首页如图 3-74 所示。

图 3-74

2．制作 GIF 图

当需要向读者展示一些简单的操作过程而又不必用到视频时，或需要从电影或视频中截取 GIF 图为文章配图时，满足这种需求的 GIF 图该如何制作呢？下面详细介绍一些制作 GIF 图的操作方法。

1) 录制计算机屏幕制作 GIF 图

录制计算机屏幕制作 GIF 图，可以使用软件 LICEcap 或 GifCam，在百度搜索"LICEcap"或"GifCam"可获取软件的下载链接，下载之后解压即可使用。

工具一：LICEcap。

双击打开软件，可拖动录制框任意一角来调整录制框的大小。将所需录制的内容置于方框内，单击【录制】按钮 录制 ，如图 3-75 所示。

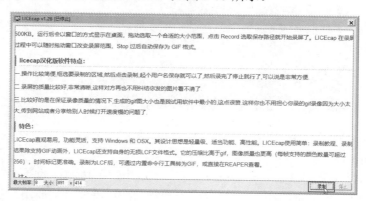

图 3-75

弹出【选择录制的文件】对话框。选择保存路径并输入文件名后，单击【保存】按钮 保存(S) ，如图 3-76 所示，此时会延迟 1～2 秒启动录制，以确保有充足的时间调整录制窗口和调整鼠标，当录制框左下角出现时间计时的时候，即代表开始启动录制。

图 3-76

录制过程中，可单击右下角的【暂停】按钮 暂停 ，暂停 GIF 图的录制，单击

【继续】按钮 继续 可继续录制，单击【停止】按钮 停止 完成录制。

录制保存的 GIF 图内存会非常小，实测录制扑克牌面积大小的 GIF 图，录制 6 秒左右内存仅为 53KB。

工具二：GifCam。

双击打开软件，可拖动录制框任意一角调整录制框的大小。把所需录制的内容置于方框内，单击【录制】按钮开始录制时，【录制】按钮自动变成【停止】按钮，单击【停止】按钮可暂停录制，再次单击将继续录制，如图 3-77 所示。

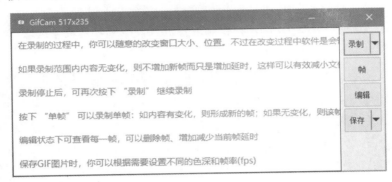

图 3-77

录制完毕后，单击【保存】按钮进行保存。如需录制另外一张 GIF 图，在不关闭软件的情况下，在【录制】下拉菜单中选择【新建】菜单项，如图 3-78 所示。否则会继续上一张 GIF 图的录制。

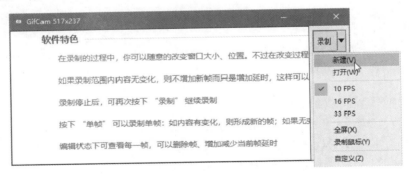

图 3-78

在【录制】下拉菜单中，可以选择【录制鼠标】选项，这样录制的 GIF 图中可以录制下鼠标的移动和操作，更具展示性。

单帧功能，每单击一次【帧】按钮 ，录制一帧照片。可以理解为单击一次【帧】按钮，拍一张静态照片，把单帧照片进行保存，最终可以保存为一张 GIF 图。

编辑功能，可对 GIF 保存的每一帧照片进行修改，通过鼠标滚动选择当前帧照片，右键单击可看到更多丰富功能。

2) 电影或视频片段截取 GIF 图

方法一：GIF 录制工具录制。

使用 LICEcap 或 GifCam 软件，打开在线或本地视频，拖动调整录制框，把目标视频置于录制框内，录制 GIF 图。

方法二：视频播放器截取。

(1) 目标视频保存在计算机本地。

使用 QQ 影音打开目标视频，在视频的播放过程中或者是暂停状态下，单击右下角【扳手】图标，然后在弹出的下拉列表框中选择【动画】选项，如图 3-79 所示。

图 3-79

在弹出的【动画截图】界面中，有上下两条时间线，通过滑动下方线上的调节杆，可以控制 GIF 图的起点，下面的线条为截取视频的时间，最长支持 20 秒，通过滑动调节杆，可以控制视频截取终点，在【动画尺寸】列表中可选择图像尺寸大小，大尺寸所截取的 GIF 图占用空间也较大，如图 3-80 所示。

在 GIF 图制作过程中，可以单击【预览】按钮 以确定截取是否合适，截取完成后单击【保存 GIF】按钮 。

迅雷看看播放器同样可以从视频中截取 GIF 图，在本地打开视频，在播放或暂停界面，右键单击播放界面，在弹出的快捷菜单中选择【截取 GIF】选项，如图 3-81 所示。

图 3-80

图 3-81

进入【截取 GIF】界面，调节截取的片段范围、截取间隔以及画面尺寸，截取时间最长达 20 秒，预览确保无误后，单击【立即截取】按钮 立即截取 即可，如图 3-82 所示。

(2) 目标视频为在线视频。

以手机端腾讯视频为例，打开腾讯视频 App，并定位到想要截图的位置上，切换到全屏状态，在全屏状态下，是没有任何按键的，点一下屏幕，右边会有个 GIF 图标的按钮出来，如图 3-83 所示。

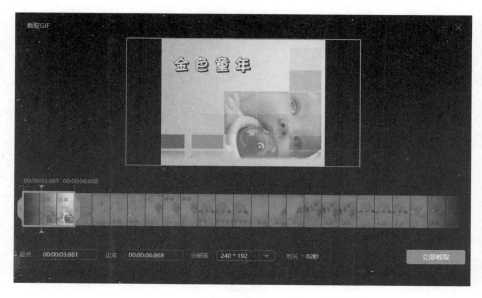

图 3-82

图 3-83

　　点一下 GIF 按钮，就会切换到短视频或 GIF 的录制界面，如图 3-84 所示，在录取视频中，是以当前时间点开始，往后录的，调整好录制视频区间(下方的进度条)，单击【对号】按钮，即可完成录制。

　　完成录制后，就出现如图 3-85 所示的界面，如果用户想录的是小视频，那么就选择【分享视频】选项卡，如果想录的是 GIF 动态图，那么就选择【分享 GIF】选项卡。选择完成后，就可以单击下面的【保存本地】按钮，或者通过微信等社交平台发送给朋友。

图 3-84

图 3-85

3. GIF 在线编辑

通过在线网站 SOOGIF 的制作工具,可以对 GIF 进行 GIF 压缩、GIF 裁剪、GIF 编辑以及视频转 GIF、多图合成 GIF、GIF 拼图等编辑操作,如图 3-86 所示。

图 3-86

- 在【GIF 压缩】中，支持上传 GIF，并可以选择压缩尺寸，但对上传单张 GIF 要求不得大于 10M。
- 在【GIF 裁剪】中，支持复制粘贴或上传 GIF，支持任意矩形裁剪。
- 在【GIF 编辑】中，支持复制粘贴或上传 GIF，可以对 GIF 添加多行动态文字、添加滤镜和水印、贴纸以及多种好玩的播放特效。
- 在【GIF 拼图】中，可以将静态图片和动态图片拼贴在同一张图片上，通过应用不同的模板制作出好看的、有趣的、独特的 GIF，满足用户的各类动图制作需求，它支持最多 4 张图片、10 种不同的模板样式的图片拼接，并将不断更新。它支持添加动图与静图混合的形式，可以做出动静结合的图片，支持导出自定义的尺寸，支持符合微信公众号大小的输出，支持高清/超清分辨率。
- 在【视频转 GIF】中，目前只支持对在线视频进行转换，用户需要将网络视频网址复制到编辑框中，就可以拖动时间轴进行剪辑。最长支持制作长达 20 秒的视频。
- 在【多图合成 GIF】中，支持拖曳图片或上传图片制作 GIF，要求至少上传两张图片，并且每张图片不超过 10MB。可以对上传的图片顺序进行调整，也可以调整 GIF 的动态速度，以制作出合成的 GIF 图。

3.1.6 生成与美化二维码

二维码的使用已经不仅局限于微信平台，越来越多的平台开始使用二维码作为互联的渠道。但是，传统单一的黑白方块二维码，其美观度往往不足，平台生成的二维码缺乏个性。鉴于此，下面将详细介绍两个具有二维码生成和美化服务的平台。

1. 草料二维码

通过"草料二维码"这个网站，不论是链接、文字、图片还是文件，都可以生成二维码。输入相应的内容后，单击【生成二维码】按钮，就可以在右侧生成一张二维码图，如图3-87所示。

图3-87

单击生成的二维码下方的【下载其他格式】按钮，可以下载各种尺寸及格式的二维码，也可以单击【二维码美化】按钮对生成的二维码进行美化，如图3-88所示。

图3-88

"草料二维码"同时支持生成活码。活码理论上是一个网址,网址里面的内容可以随时变化,可以放置图片、视频、音频等多媒体内容。活码不会随着内容的变化而变化。相比较而言,活码的内容具有更大的可扩展性和灵活性。

2. 第九工场

"第九工场"在二维码美化上更为出色,它支持对上传的普通二维码进行美化和将普通链接生成美化二维码。网站首页如图 3-89 所示。

图 3-89

该网站还有二维码定制服务(需付费),图 3-90 所示为该平台美化后的二维码效果。

图 3-90

3.2 新媒体图文排版

本节导读　图文排版是新媒体内容呈现效果好坏不可或缺的部分,能给读者展现一种视觉上的额外体验,能给文章加分很多。简单地说就是读者除了对内容质量有要求之外,更看重外在的阅读体验,本节将详细介绍新媒体图文排版的一些技能知识。

3.2.1 新媒体图文排版中文字的视觉表达

文字是社交媒体内容的核心,而排版是社交媒体内容呈现不可或缺的部分。读者除了对内容质量有要求之外,更看重阅读体验,因此文字排版尤为重要。文字排版的原则是:熟悉基础排版、适当优化排版、避免过度排版。

1. 熟悉基础排版

文字排版是一项综合性的艺术技能,需要多种因素综合考量,以便设计出最优的方案。熟悉基础排版包括字体、字号、颜色、字间距、行间距、页边距、对齐方式、文字链接等。

1)字体

每个字体有其固定的风格,在文字排版中需要根据文字内容和文字载体的应用场合、产品风格、字体的易读性等方面来综合考虑。如果需要使用不止 1 种字体,一定要限制在 3 种以内,并且确保字体之间是紧密关联的。使用两种非常相近的字体可能会是一个错误的选择,读者可能会误认为设计者使用了错误的字体。

常见的文字类型包括衬线体和无衬线体。衬线又被称为"字脚",衬线体(Serif)就是有边角装饰的字体。因为书写后的笔画起始与结尾容易出现毛糙,遂直接在笔画开始、结束与转角的时候增加了收尾的笔画,形成了衬线。这被大多数人认为是装饰线笔画设计的起源。如图 3-91 所示为衬线体文字类型。

无衬线体(Sans-serif)与衬线体相反,通常是机械和统一粗细的线条,没有边角的装饰,如图 3-92 所示。无衬线字体兴起于 20 世纪 80 年代,后随着"简约美"理念开始风行。最具代表性的就是 1957 年上市一直风靡至今的 Folio、Helvetica 和 Univers 的西文字体,中文字体最具代表性的是黑体。

2)字号

字号的选用需要考虑文字所发布的渠道。在新媒体平台中,文字常常以纯文本、海报文本、视频文本的形式出现。阅读者大多数时候是在 PC 端甚至是屏幕有限的移动端阅读，设计者学会恰当地使用字号，有助于阅读者在有限的空间中获取重要信息。

在微信公众平台中，视觉较为舒服的字号为 15px，如图 3-93 所示，用户也可以根据文章的要求自行设定。

图 3-91

图 3-92

图 3-93

在其他微信编辑器中(例如 135 编辑器、i 排版、96 编辑器等)同样支持使用 15px 字号进行编辑。对于不支持直接选择 15px 字号的编辑器，设计者可以在字号栏手动输入使用。部分平台示例如图 3-94 所示。

图 3-94

3) 颜色

字体颜色与背景颜色是文字的重要组成部分。恰当的背景颜色有助于突出显示内容信息，起到强调的作用；不同的颜色给人们带来的视觉体验不同，恰当地使用字体颜色，可以起到烘托文字气氛的作用。

相较之下，字体颜色使用灰色较为适宜。下面列举 3 个看起来比较舒服的颜色及其 RGB 数值，"#000000" 为默认的黑色，如图 3-95 所示。

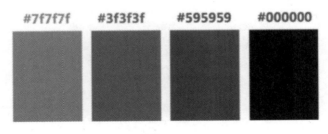

图 3-95

在背景颜色方面，可以选择与字体颜色反差较强的颜色，以突出显示部分的内容，但同时需要注意与字体颜色相协调。

4) 字间距

字间距调整的主要目标是确保每个字符之间的空间美学，创建优美的文本序列。字间距微调整可以使人物角色到产品的转变更合理、更统一。这听起来好像不那么重要，但是一个优秀的字间距调整也可以完成一个效果不同的设计。

微信公众平台支持字间距设置，如图 3-96 所示。在其他微信编辑器平台中，如秀米、135 编辑器、96 编辑器等同样支持字间距调整。部分平台示例如图 3-97 所示。

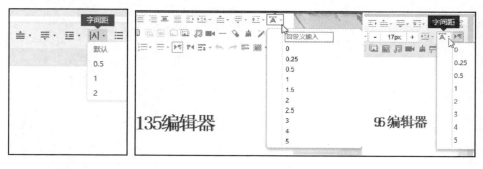

图 3-96　　　　　　　　　　　　图 3-97

5）行间距

行间距是文字信息上下行之间的距离，以确保合适的行与行之间的空间。合理的行间距有利于提升文章的整体美感，同时有利于阅读者的迅速阅读。由于默认的行间距在手机上显示较为拥挤，因此可以先按下键盘上的 Ctrl+A 组合键全选正文，再把行间距设置为 1.5 倍或 1.75 倍(1.5 倍和 1.75 倍的视觉体验较佳)。微信公众平台的行间距设置如图 3-98 所示。

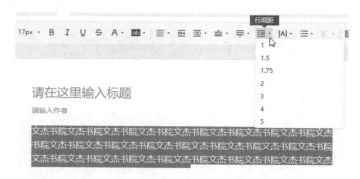

图 3-98

在其他微信编辑器平台中，如秀米、135 编辑器、96 编辑器等同样支持行间距调整。部分平台示例如图 3-99 所示。

6）页边距

页边距是指页面中文字两端与页面之间的距离。恰当的页面边距能够让文本内容的视觉效果更好。在印刷品中，考虑到印刷品的装订，页边距也为裁剪和胶装等工序留下了操作空间。

第 3 章 新媒体图文设计 | 115

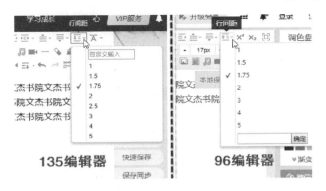

图 3-99

微信公众平台的页边距设置表述为"两端缩进",如图 3-100 所示。

图 3-100

在其他微信编辑器平台中,如秀米、135 编辑器、96 编辑器等同样也支持页边距设置,在秀米编辑器中,选择文本框→【间距】→【页边距】,当数值为 10~15 时较为适宜,如图 3-101 所示。

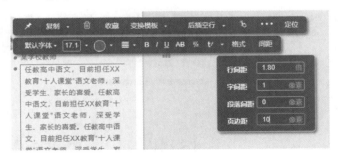

图 3-101

7) 段间距

段间距作为每段文字之间的距离,能够让阅读者有效地区分上下段,并形成阅读缓冲区,减少了长篇段落文字对阅读者带来的阅读压迫感。当字号为 15px,正文段前距或段后距设置为 10 或 15 时较为明显,且阅读体验较好。微信公众平台的段间距设置，如图 3-102 所示。

图 3-102

在其他微信编辑器平台中，如秀米、135 编辑器、96 编辑器等同样也支持段间距的调整。部分平台示例，如图 3-103 所示。

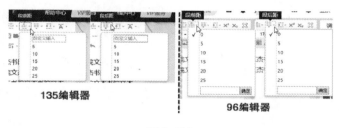

图 3-103

8) 对齐方式

对齐方式设置在字体排版设计中是读者必须掌握的技能。对齐方式在符合人们阅读习惯的同时，也要与内容的其他元素进行互动。四个常见的关键对齐方式是左对齐、居中对齐、右对齐和两端对齐。

微信公众平台编辑器的对齐方式设置如图 3-104 所示。在其他微信编辑器平台中，如秀米、135 编辑器、96 编辑器等同样也支持对齐方式的调整。部分平台示例，如图 3-105 所示。

图 3-104　　　　　　　　图 3-105

9) 文字链接

文字链接是内容链接的一种形式，以文字的形式进行呈现，通过单击文字实现链接跳转。从呈现效果来看，文字链接比传统链接更简洁、更高效，可以避免文字与长串网址的混乱排版。如图 3-106 所示为使用文字链接的视觉效果。

单击屏幕上的蓝色字体，即可跳转至链接网址。文字链接的代码适用范围包括关注自动回复、消息自动回复、关键词自动回复、微信公众号与粉丝对话界面，不适用于个人与个人之间的聊天。

2. 适当优化排版

在遵循以上微信排版规则的基础上，设计人员可以对文字排版进行适当优化，从而为公众号加分。优化排版主要有以下两个目的。

图 3-106

第一，突出品牌形象。统一使用独特的排版，会让粉丝产生亲切感，并熟悉品牌风格。无论公众号文章出现在朋友圈、微信群，还是被其他公众号转载，有特色的排版会被粉丝第一时间"认出来"。

第二，促进转化。好的文字排版可以突出重点，辅助内容引导网友做出相应的动作，如关注、转发、点赞、购买等。

常见的文字排版优化内容包括顶部关注、底部引导、文字强调等，下面分别予以介绍。

1) 顶部关注

如果阅读者一打开文章就看到大量的文字，容易产生阅读压力，阅读体验过于生硬。因此，创作者可以在顶端增加引导关注的图片或文字，友好地提醒未关注公众号的读者先关注该公众号，再往下阅读，如图 3-107 所示。

2) 底部引导

如果文章直接到正文结束而没有其他说明，会显得太突兀，因此需要在底部进行引导。常见的底部引导包括关注公众号、提醒阅读原文、引导相关阅读或购买等，如图 3-108 所示。

3) 文字强调

由于读者阅读微信文章的场景各不相同，有的在上班或下班路上，有的在赶飞机或火车的途中，有的在咖啡厅，因此，创作者必须将文章中用于强调的文字凸显出来，便于读者第一时间找到重点，如图 3-109 所示。常用的文字强调方法包括加粗、变色、加文字框、加下划线、变化样式等。

3. 避免过度排版

排版的目的在于提升读者的阅读体验，经过优化排版的文章会让读者读起来更舒服，理解起来也更容易。但过度排版会让读者将注意力放在版式上，过于花哨的排版甚至会引起读者的反感。

图 3-107　　　　　　图 3-108　　　　　　图 3-109

常见的过度排版有 4 类，包括动态背景、颜色过多、风格不定、样式繁杂，创作者在排版时应尽量避免。

1) 动态背景

常见的动态背景如漫天飘落的雪花、不断燃放的烟火、循环游过的小鱼等，其最大的弊端在于过度吸引读者的注意力，读者的目光随着背景而动，注意力无法集中，从而忽略了正文。

2) 颜色过多

一篇文章中的文字颜色应尽量不超过 3 种，否则读者难以确定哪一种颜色是强调部分，导致找不到阅读重点。

3) 风格不定

推送的文章偶尔变化风格，会让读者会心一笑，感觉耳目一新。但是如果推送的每一篇文章，其字体、分割线等都不相同，则会导致公众号的整体形象难以呈现，读者记不住该公众号的风格。将排版风格固定，可以更好地统一品牌形象，提升品牌识别度。

4) 样式繁杂

使用编辑器编辑内容会接触到大量的内容样式，但是在选择和使用样式时必须注意求精而不求多。过多的线条、箭头等堆砌在一起，反而无法将想要表达的内容讲述清楚。

文字排版是一项非常细致的工作，优美的文字排版具有一定的艺术欣赏价值。正因为文字排版所涉及的因素较多，所以并不存在某种万能排版风格或可以套用的排版风格。优美的文字排版对于文字内容而言，犹如绿叶衬红花，而符合其内容气质的排版风格才是最好的。无论采取何种排版风格，首先必须确保阅读者可以很容易看到并明白文字信息，不能为了追求独具一格的排版而舍弃内容的易读性。

3.2.2 应用排版插件

新媒体排版插件是通过浏览器对微信公众号后台功能进行增强的插件。此类插件一方面可以帮助运营者在编辑图文信息时，不必跨多个编辑平台"复制""粘贴""同步"等，可以满足运营者直接登录微信公众平台进行多项功能的使用；另一方面可以增强公众号后台数据的分析功能，并对整个公众号领域的热门文章等数据进行汇总展示。下面以常用的壹伴微信编辑器插件为例进行讲解。

壹伴微信编辑器插件是众多新媒体运营者青睐的在线微信公众号编辑工具，拥有万千公众号模板、公众号素材样式，具备公众号排版、多公众号管理、数据分析、定时群发等功能。

登录官网(网址为：https://yiban.io/)，根据浏览器提示下载安装壹伴，安装完毕后，微信公众平台后台的首页中会增加一个工具栏，包括功能实验室、图文分析、粉丝分析、内容检测、关键词订阅、事件等，如图3-110所示。

图 3-110

在图文编辑页面上方新增加了一行编辑功能栏，其中的【一键排版】可以保存不同的排版样式，方便运营者对不同的图文采取一键排版，提高排版效率，如图 3-111 所示。

图文编辑页面的左右两侧分别增加了样式中心和壹伴图文工具箱，能够极大地提高运营者的排版效率，如图 3-112 所示。

图 3-111

图 3-112

3.2.3 创意字的设计

创意字是文字在传播和应用过程中的一种变种文字形式。创意字设计没有固定版式和固定字体可以套用，其本质是在文字形状的基础上，设计者通过对文字含义的理解，将含义与形状进行结合的产物。

创意字在品牌中会经常用到，比如淘宝网、当当网等品牌，如图 3-113 所示。通过字体的创意设计更能突出品牌感。字体标志本身就是品牌名称，视觉效果直观。好的创意字设计能让人过目难忘，深入人心。

图 3-113

创意字在海报中也会经常使用，巧妙的字体设计能够加深观众对海报的印象，如图 3-114 所示。

图 3-114

创意字的主要设计工具是 Photoshop 和 Illustrator 等平面设计软件，创意字设计作为一项艺术性工作，并没有详细、固定的步骤，因此具体设计根据设计师对创意字的理解不同，所涉及的风格也不相同。

1. 创意云文字的概念和组成

创意云文字是一种文字呈现形式，以图形化排版来表达某个概念或形象。创意云文字由文字和图形组成，文字是围绕着表现主题展开的相关关键词，图形是以主题为核心的相关图片。文字与图形在表达内容和形象展示上互相补充，形成一种新型文字处理技巧。

如图 3-115 所示为一张粉丝对偶像不同形式支持的创意云，内容部分是以称赞语为主题展开的相关关键词，图形展示部分是一个人物的轮廓。将人物形象与称赞语文字内容进行结合，就形成了一个文字。

2. 创意云文字的呈现形式

创意云文字的呈现形式是文字决定呈现内容，图形决定呈现创意，下面将分别予以介绍。

图 3-115

1) 文字决定呈现内容

文字是组成云文字的内容部分，是受众看到云文字后获取云文字信息的核心。云文字中包含大量的字词，这些字词信息紧紧围绕着某一主题或要展现的某一形象而展开，字词对于主题信息描述越详细，越能突出表达主题。

2) 图形决定呈现创意

图形是云文字组成的升华部分，主题或形象概念通过具体的图形进行形象化展示。创意云文字的图形可以分为文字图形、形象照片、地图、Logo 等。

3. 创意云文字的制作方法

下载 PPT 插件"口袋动画 PA"，其官网网站为"http://www.papocket.com/"，完成安装后，插件会出现在 PPT 顶部，选择【口袋动画 PA】选项卡，然后单击【文字云】下拉按钮，选择【文字云】选项，即可弹出【文字云】对话框，如图 3-116 所示。

图 3-116

在【云形状】选项卡中可以选择要生成的文字形状，如图 3-117 所示。如果没有合适的图形，可以选择【自定义形状】并上传保存在计算机中的图片。

选择【词云内容】选项卡，用户可以在其中输入文字云的文字部分，如图 3-118 所示。这部分【内容】和【强调次数】，内容是指文字，强调次数是指文字出现的次数，出现次数越多，在文字云中呈现的字体就越大。同样，用户也可以在【词云内容】中导入本地计算机中的".txt 文件"。输入文字后单击【点击刷新预览图】即可查看到文字云。

选择【生成参数】选项卡，用户可以对文字云进行详细编辑，其中包括是否内容重复，是否角度旋转，以及动画方案、紧密度、字体方案、最大字号、背景填充、图形配色等。设置完成动画方案后，单击【可编辑图形】按钮即可生成一个带有动画效果的文字云；如图 3-119 所示。

单击【插入图片】按钮后，在 PPT 中即可插入一个由许多个文本框组成的文字云，将该文字云选中，在右侧的侧边栏中选择【文字云】按钮，即可弹出一个列表框，选中【转存 PNG】选项，如图 3-120 所示。

可以看到已经新增了一个 PNG 格式图片的文字云，这样即可完成制作创意文字云的操作，如图 3-121 所示。

图 3-117

图 3-118

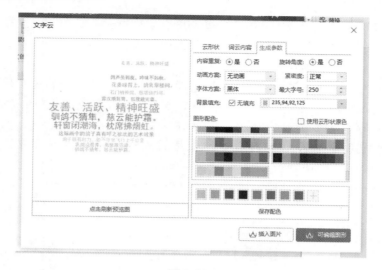

图 3-119

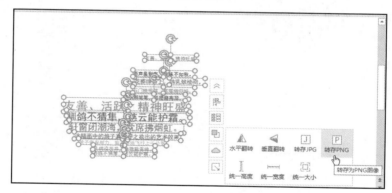

图 3-120

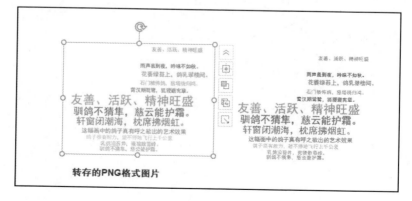

图 3-121

第 4 章　H5 动画与短视频处理

目前，日常各种类型的宣传都可以用 H5 微场景形式来体现，它可以让宣传变得简洁、生动形象、易传播、易接受。而随着新媒体行业的不断发展短视频应运而生，并迅速发展成为新时代互联网社交平台和入口之一。通过本章的学习，读者可以掌握 H5 动画与短视频处理方面的知识，为深入学习新媒体运营与推广知识奠定基础。

4.1 新媒体 H5 制作

本节导读 在新媒体时代,要求媒介深度融合。而 H5 可谓是为此而生的,它的低成本、跨平台、高互动性且无须安装的特点更贴合新媒体对媒介融合的要求。目前,我们日常的各类型新闻或者广告宣传都可以用 H5 微场景形式来体现。本节将详细介绍新媒体 H5 的制作方法。

4.1.1 H5 的概念

H5 是指第 5 代 HTML,也是指用 H5 语言制作的一切数字产品。所谓 HTML 是"超文本标记语言"的英文缩写。我们上网所看到的网页,多数是由 HTML 写成的。"超文本"是指页面内可以包含图片、链接,甚至音乐、程序等非文字元素。而"标记"指的是这些超文本必须由包含属性的开头与结尾标志来标记。浏览器通过解码 HTML,就可以把网页内容显示出来,它也构成了互联网兴起的基础。

H5 之所以能引发如此广泛的关注,根本在于它不再只是一种标记语言,它为下一代互联网提供了全新的框架和平台,包括提供免插件的音视频、图像动画、本体存储以及更多炫酷而且重要的功能,并使这些应用标准化和开放化,从而使互联网也能够轻松实现类似桌面的应用体验。

H5 最显著的优势在于跨平台性,使用 H5 搭建的站点与应用可以兼容 PC 端与移动端、Windows 与 Linux、安卓与 iOS。此外,H5 的本地存储特性也给使用者带来了更多便利。

综上所述,现在大家接触到的 H5 具有如下特点:无须下载安装,即点即玩;不受平台限制;对影音、图像、交互动画等高度支持。

HTML 5 的应用十分广泛,在新媒体领域,人们习惯性地称 HTML 5 为 H5,但是在技术领域,HTML 5 与 H5 并不是同一种事物,其关系如图 4-1 所示。

图 4-1

4.1.2 引起 H5 传播的心理诱因

H5 页面的展示从刚开始的单页滑动，再到现在的各种场景模拟、立体展示等，其表现功能已经大大超出了人们的预期，现在很多创意都是能通过 H5 进行展示的，而随着各种各样的 H5 模板的出现，基本任何用户都能自行地做出 H5 来，只不过一个 H5 作品想要有用户不断地传播，就需要清楚地了解是什么心理因素引起了 H5 动画的传播。

1. 好奇心

网友对 H5 的标题好奇，会点击进去；对焦点图好奇，会点击进去；看到某个 H5 被熟悉的朋友转发了，也会点击进去。网友总会对未知事物充满好奇心，存在猎奇心理，而这些未知的事物正好能充分地调动网友的情绪和注意力。

2. 认同感

认同感是指人对自我及周围环境有用或有价值的判断和评估。人无论怎样都需要被肯定，但是很多人却得不到它，因为自己不够优秀，更确切地说是因为标准不适合自己，个体长期处于得不到承认的境地，体验到的更多的是疏离感，就会出现过多的我没有用、我没有价值的判断和评估，即认同感缺失。

不少测试型的 H5 会被转发，主要源于认同感。例如，通过一系列娱乐性的测试题，来测算出自己如果在古代会是哪个朝代的皇帝，或测测你的人气指数是多少等。这些娱乐性测试，其测试结果切合了网友的认同感心理。

3. 攀比

根据产生的作用不同，攀比心理分为正性攀比和负性攀比。正性攀比是指正面的积极的比较，是在理性意识驱使下的正当竞争，往往能够引发个体积极的竞争欲望，产生克服困难的动力。负性攀比是指那些消极的、伴随有情绪性心理障碍的比较，会使个体陷入思维的死角，产生巨大的精神压力和极端的自我肯定或者否定。负性攀比最大的问题在于缺乏对自己和周围环境的理性分析，只是一味地沉溺于攀比中无法自拔，对人对己都很不利。

这种心理体现在 H5 中多出现游戏型 H5 和测试型 H5。典型的游戏型 H5，如"围堵神经猫"和"2048"，都是由于攀比"谁的成绩更高"而被传播得非常广；测试型的 H5，如用自拍照测颜值，会因为"我比别人更好看"而被传播。

4. 炫耀

炫耀是指从各方面(多指金钱、权力、地位等)特意强调自己(略微夸大自己、看轻别人的意思），亦指刻意向他人展现自己认可的事物，从而获得别人的赞美与羡慕。

能满足炫耀心理的 H5 比较多，几乎所有类型的 H5 在某种程度上都可以满足参与者或转发者的炫耀心理，其中包括：在比分赛制类 H5 中获得了高分，想要分享出去炫耀一番；比其他人更早发现了一个很有趣的 H5，转发出去炫耀自己在流行最前沿；等等。

4.1.3 H5 动画的类型

从引爆朋友圈的 H5 小游戏《围住神经猫》，到颠覆传统广告的大众点评 H5 专题页《我们之间只有一个字》，"H5"，这个由 HTML5 简化而来的词汇，借由微信这个移动社交平台，正在走进更多人的视野。下面详细介绍一下 H5 动画的几种类型。

1. 展示型

展示型是经常看到的 H5 动画，它的制作难度低，几乎人人都可以参与制作。在一些 H5 动画制作平台上，用户只需要上传图片，就可以套用现成的模板生成一个精美的 H5 动画。展示型 H5 动画常用到的场景有活动宣传、出游照片合集等。

2. 互动型

互动型 H5 动画和展示型 H5 动画类似，都是展示内容，只不过形式不同。展示型 H5 的页面互动体验较弱，侧重于直接展示的内容，而互动型 H5 则通过互动体验将要表达的内容展示出来，侧重于互动体验。

其主要的互动形式是，通过在屏幕上各个方向的滑动、点击、拖曳等动作，完成一定 H5 设置，才能顺利地进行 H5 的演示。同时，手机摇一摇、将手机水平放置和倾斜放置、通过手机麦克风与 H5 互动等，都属于互动形式。

3. 场景型

场景型 H5 动画融入了一些互动型 H5 动画的成分，在比重上，场景型 H5 动画更着重 H5 动画展现形式的场景化，通过互动能进入一定的场景、情景当中，将要传达的信息植入到场景中，从而使受众更容易接受一些强硬的广告信息。其主要形式是，以第一人称的视角打开 H5 动画，进而跟随页面提示，一步一步地随着剧情探索下去。

4. 游戏型

游戏型 H5 动画与前面三者的区分方式不同，其最突出的一点就是展现内容本质上是一个游戏。不论通过屏幕互动还是手机感应器，其目的都是为了完成游戏，通常能够在微信中传播火爆的 H5，多是一些比分类的游戏。

5. 测试型

测试型 H5 动画最显著的特点就是基于测试标准，通过 H5 动画对网友进行测试对比，在互动形式上比较简单。其主要形式有上传照片测试颜值、答题测试你最近的运势等，其共同特点是对受众进行一个分值、等级等显性且有明显差异的排名。

4.1.4 H5 动画的页面设计

初学者对于 H5 动画的设计可在免代码设计平台进行。在无代码基础的情况下，通过免代码 H5 动画设计平台，初学者可以方便、快捷地设计出 H5 动画作品。H5 动画制作的平台有易企秀、MAKA、兔展等，它们的设计方法都很相近。下面以使用 MAKA 平台为例，介绍 H5 动画的制作方法。

第 1 步　输入网址"https://www.maka.im/"打开 MAKA 平台网站首页，单击【免费设计】按钮，如图 4-2 所示。

图 4-2

第 2 步　进入下一个页面，登录账号后，选择 H5 功能按钮，如图 4-3 所示。
第 3 步　进入【H5 模板】页面，这里有大量的模板，它们按照场景进行划分，用户可以根据预算情况按照"全部"和"免费"进行详细搜索，①这里选中【免费】复选框，②然后选择准备应用的模板，如图 4-4 所示。
第 4 步　进入下一个页面，单击右侧的【立即使用】按钮，如图 4-5 所示。
第 5 步　进入 H5 动画模板编辑页面，左侧为元素内容区，中间为画布编辑区，右侧为元素属性区，如图 4-6 所示。

图 4-3

图 4-4

图 4-5

图 4-6

在页面左侧的元素内容区域，包含版式、文本、素材、背景、互动、上传等。

- 版式是指在 H5 页面基础上新增的内容页，包括封面、介绍、多图、单图、地图、文本、特效等，如图 4-7 所示。
- 文本包括可编辑的文本框和图片文本元素，如图 4-8 所示。

图 4-7

图 4-8

- 素材包括形状、图表、线条、相框、图标、条幅、节日、餐饮、婚礼、会议、相册、生日、开业、招聘、促销、招生、产品/店铺推广、党政宣传、人物等，如图 4-9 所示。
- 背景包括纯色背景、图片、纹理，并且支持自定义上传背景图片，如图 4-10 所示。

图 4-9　　　　　　　　　　　图 4-10

- 互动包括表单、答题组件、微信组件、拼图、拨号组件、图组、投票、抽奖、接力、跳转链接、地图、视频、点赞、倒计时等，如图 4-11 所示。
- 上传则支持上传图片、手机上传等功能，如图 4-12 所示。

图 4-11　　　　　　　　　　　图 4-12

在页面中间的编辑预览区域，使用鼠标右键单击图片元素，可以进行更多的操作，如图 4-13 所示。

图 4-13

第 6 步 每一页设计添加素材后，创作者就可以对该素材或该页面设计动画了。单击编辑预览区域的文字图片等，在右侧的元素属性区域就可以对文字图片进行设置了，包括图片的裁剪和替换、图层管理、不透明、圆角、阴影、旋转、位置尺寸等，并可以对文本进行详细的设置以及设置动画效果，如图 4-14 所示。单击编辑预览区域的不同元素，右侧会出现不同的可编辑界面。

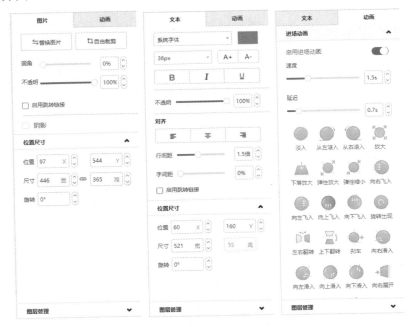

图 4-14

第7步 H5 动画制作完成后，创作者就可以为其添加一段背景音乐了，单击最上部的【音乐】按钮，如图 4-15 所示。

图 4-15

第8步 弹出【音乐素材】对话框，平台提供了许多音乐素材可供选择，用户也可以上传自己的音乐素材，例如这里选择【轻音乐】栏目下的背景音乐，然后单击【立即使用】按钮，如图 4-16 所示。

图 4-16

第9步 完成添加背景音乐后，单击设计页面右上角的【预览/分享】按钮，可以对当前设计的 H5 动画进行预览，如图 4-17 所示。

图 4-17

第10步 弹出一个对话框，可以在预览界面的右上角设置封面、标题、摘要，便于将 H5 动画信息分享到朋友圈或群内进行更好的展示，如图 4-18 所示。单击作品右下角处的【复制链接】按钮或者扫描二维码即可使用或分享该 H5 动画，保存后再次编辑或修改 H5 动画并不会影响其二维码及链接。

图 4-18

4.1.5 H5 动画素材收集

优秀的 H5 动画离不开合适的素材。H5 动画的素材包括字体、图片、GIF 图、icon 图标、音乐 5 个部分，其中图片、icon 图标、GIF 图在前面已经进行了讲解，下面详细介绍 H5 动画的字体素材和音乐素材。

1. 字体素材

主流 H5 动画制作平台已经提供了多种字体选项，用户无须安装字体即可在线使用，设计者可以根据需求选择不同的字体，其中部分字体可以免费使用。当平台未提供需要的字体时，设计者可以熟练运用以下方法制作字体。

1) 使用 PPT 制作字体

新建一个幻灯片，通过插入文本框选择想要的字体，并输入文字内容，然后根据需要修改字体颜色，使用鼠标右键单击文本框，然后在弹出的快捷菜单中选择【另存为图片】选项，即可把文字内容保存为透明 PNG 格式。将图片上传到 H5 动画制作平台即可使用，如图 4-19 所示。

2) 在线转换字体

当计算机未安装目标字体时，可以使用在线字体转换器进行字体转换。推荐"找字网（网址为：http://www.zhaozi.cn/）"和"第一字体转换器（网址为：http://www.diyiziti.com/）"两个字体下载及转换的网站，如图 4-20 所示。这两个平台可以将输入的文字转换成为其他字体，并可以调整字号、颜色、背景等，最后将转换后的字体保存为图片进行使用。但是需要注意版权问题，受字体版权限制，如需商用，应与版权方联系购买。

图 4-19

图 4-20

2. 音乐素材

在 H5 动画中，背景音乐起到了烘托气氛的作用，合适的背景音乐能让人沉浸其中，充分体验 H5 动画效果。几乎所有的 H5 动画制作平台都会提供音乐素材，同时支持上传音乐。为满足设计者不同的设计需求，推荐以下音乐平台及使用方法。

1) 网易云音乐搜歌单看评论

歌单和音乐评论是网易云音乐的两大特色功能。充分利用歌单关键词搜索，可以迅速找到大量关键词的背景音乐；通过查看音乐评论，可以找到与音乐匹配的场景和相关联的感情故事，从而可以迅速找到大量关于某一主题的背景音乐。如图 4-21 所示为网易云音乐 PC 客户端界面。

图 4-21

2) 音乐伴奏平台

当要使用某首歌曲的伴奏作为背景音乐时，创作者可以进入"5sing"网站进行搜索，如图 4-22 所示。5sing 是酷狗旗下的原创音乐平台，汇集了大量网络歌手的原创音乐歌曲及翻唱歌曲，提供大量歌曲的伴奏以及歌词免费下载。如需商用，应与版权方联系购买。

图 4-22

3. 国外音乐资源平台

在配乐时，若希望能够更多地使用国外的且非大众的音乐，可以使用谷歌浏览器打开国外音乐平台，并启用谷歌翻译功能，方便音乐的搜索与下载，如图 4-23 所示。其中部分平台提供免费版权的音乐。

图 4-23

4.2 短视频处理

本节导读 随着移动互联网的发展和智能手机的普及,传播领域呈现出明显的平台扩大化和内容多元化的特点,其中,短视频行业所代表的更直观的、立体化的传播形态也逐渐兴起和发展。网络视频的类型多种多样,形式也在不断更新,随着时代的进步而变化,为了更熟练地进行新媒体运营,了解和掌握短视频运营是不可或缺的一个环节。

4.2.1 短视频概述

短视频是指在各种新媒体平台上播放的、适合在移动状态和短时休闲状态下观看的、高频推送的视频内容,时长一般几秒到几分钟不等。其内容融合了技能分享、幽默搞怪、时尚潮流、社会热点、街头采访、公益教育、广告创意、商业定制等主题。由于内容较短,可以单独制作成片,也可以制作成为系列栏目。

短视频的概念由来已久,在短视频出现之前,微电影或网络短片是网络的主宰。不同于微电影和直播,短视频制作并没有像微电影一样具有特定的表达形式和团队配置要求,具有生产流程简单、制作门槛低、参与性强等特点,又比直播更具有传播价值。超短的制作周期和趣味化的内容对短视频制作团队的文案以及策划功底有一定的挑战,优秀的短视频制作团队通常依托于成熟运营的自媒体或 IP,除了高频稳定的内容输出外,也有强大的粉丝渠道。短视频的出现丰富了新媒体原生广告的形式。

4.2.2 短视频的制作

随着短视频领域的不断升温与巨大商业变现模式的明朗化,现在越来越多的个人或团队争相进入短视频制作领域。那么要制作一个短视频作品,从前期准备到后期发布,需要经历一个怎样的流程呢?下面详细介绍其相关知识。

1. 制作短视频的前期准备

"工欲善其事,必先利其器。"在制作短视频之前,我们应根据拍摄目的、投入资金等实际情况准备好拍摄设备、三脚架、声音设备、摄影棚、灯光照明设备、视频剪辑软件和脚本等,如图 4-24 所示。

1) 拍摄设备

常用的短视频拍摄设备有手机、单反相机、DV 摄像机和专业级摄像机等。若条件有限,可以使用手机进行拍摄,因为现在很多手机的拍摄功能都已经达到了高清像素的标准；若条件允许，则可以购买家庭使用的 DV 摄像机，价钱在 2000 元到上万元不等。此外，也有很多人使用单反相机拍摄短视频，很多优质的短视频作品都是使用单反相机拍摄出来的。

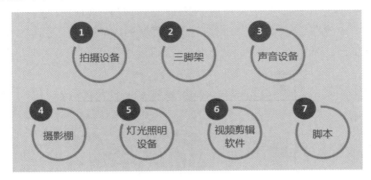

图 4-24

2) 三脚架

无论是视频拍摄的业余爱好者还是专业技术人员，在进行视频拍摄时都离不开三脚架。拍摄者可以使用三脚架稳定摄像机，从而改善视频画面，更好地完成拍摄任务。在选择三脚架时，拍摄者一定要明确制作短视频的内容主线。若拍摄内容为街拍，一定要选用重量轻、体积小的三脚架，这样不容易引起周围人的注意，能够迅速地进入拍摄状态；若为摄影棚拍摄，则一定要把三脚架的稳定性放在第一位，而在三脚架的重量方面无须过多考虑。

3) 声音设备

声音是制作初期短视频时制作者经常忽视的问题，但随着创作的不断深入，其重要性不言而喻。除了拍摄设备自录音外，我们在拍摄时还应配备一些录音设备。

4) 摄影棚

摄影棚的搭建是短视频前期拍摄准备工作中成本支出最高的一部分，它对于专业的短视频拍摄团队是必不可少的。要想搭建一个摄影棚，首先需要一个 30 平方米左右的工作室，因为过小的场地可能会导致摄影师的拍摄距离不够。摄影棚搭建完毕，要进行内部的装修设计。装修设计必须依照短视频的拍摄主题来进行，最大限度地利用有限的场地，道具的安排也要紧凑，避免浪费空间。短视频的拍摄场景不是一成不变的，这就要求在场景设计上一定要灵活，这样才能保证在短视频拍摄过程中可以自由地改变场景。

5) 灯光照明设备

若在室内拍摄短视频，为了保证拍摄效果，需要配备必要的灯光照明设备。常用的灯具包括冷光灯、LED 灯、散光灯等。其中，散光灯经常用作顶灯、正面照射或打亮背景。在使用灯光照明设备时，还需要配备一些相应的照明附件，如柔光板、柔光箱、反光板、方格栅、长嘴灯罩、滤镜、旗板、调光器和色板等。

6) 视频剪辑软件

视频剪辑软件是对视频源进行非线性编辑的软件。短视频制作者利用视频剪辑软件可以对加入的图片、背景音乐、特效、场景等素材与视频进行重新混合，对视频源进行切割或合并，通过二次编码生成具有不同表现力的新视频。目前，常用的视频剪辑软件有 Premiere、EDIUS、会声会影、爱剪辑等。

7) 脚本

脚本是拍摄短视频的指导性文件，是短视频作品的灵魂，它为整个短视频的内容及观点奠定了基础。一个优秀的脚本可以让短视频具有更加丰富的内涵，从而引起观众的深度共鸣。在拍摄短视频的过程中，一切场地安排与情节设置等都要遵从脚本的设计，以避免产生与拍摄主题不符的情况。

2. 制作短视频需要组建制作团队

现在短视频制作已经从独自完成转变为团队作战，因为这样才更具专业性。相比于微电影创作，短视频的时长更短，内容更丰富。要想拍摄出火爆的短视频作品，制作团队的组建不容忽视。完成一个专业水平的短视频作品的制作到底需要哪些团队成员呢？具体如图 4-25 所示。

图 4-25

1) 编导

在短视频制作团队中，编导是"最高指挥官"，相当于节目的导演，主要对短视频的主题风格、内容方向及短视频内容的策划和脚本负责，按照短视频定位及风格确定拍摄计划，协调各方面人员，以保证工作进程。另外，在拍摄和剪辑环节也需要编导的参与，所以这个角色非常重要。编导的工作主要包括短视频策划、脚本创作、现场拍摄、后期剪辑、短视频包装(片头、片尾的设计)等。

2) 摄像师

优秀的摄像师是短视频能否成功的重要因素，因为短视频的表现力及意境都是通过镜头语言来表现的。一个优秀的摄影师能够通过镜头完成编导规划的拍摄任务，并给剪辑留下非常好的原始素材，节约大量的制作成本，并完美地达到拍摄目的。因此,摄像师需要了解镜头脚本语言,精通拍摄技术,对视频剪辑工作也要有一定的了解。

3) 剪辑师

剪辑是声像素材的分解重组工作,也是对摄制素材的一次再创作。将素材变为作品的过程,实际上是一个精心的再创作过程。剪辑师是短视频后期制作中不可或缺的重要职位。一般情况下,在短视频拍摄完成之后,剪辑师需要对拍摄的素材进行选择与组合,舍弃一些不必要的素材,保留精华部分,还会利用一些视频剪辑软件对短视频进行配乐、配音及特效工作,其根本目的是要更加准确地突出短视频的主题,保证短视频结构严谨、风格鲜明。对于短视频创作来说,后期制作犹如"点睛之笔",可以将杂乱无章的片段进行有机组合,形成一个完整的作品,而这些工作需要剪辑师来完成。

4) 运营人员

虽然精彩的内容是短视频得到广泛传播的基本要求,但短视频的传播也离不开运营人员对短视频的网络推广。新媒体时代下,由于平台众多,传播渠道多元化,若没有一个优秀的运营人员,无论多么精彩的内容,恐怕都会淹没在茫茫的信息大潮中。由此可见,运营人员的工作直接关系着短视频能否被人们注意到,进而进入商业变现的流程。运营人员的主要工作内容如图 4-26 所示。

图 4-26

5) 演员

拍摄短视频所选的演员一般都是非专业的,在这种情况下,一定要根据短视频的主题慎重选择,演员和角色的定位要一致。不同类型的短视频对演员的要求是不同的。例如,脱口秀类短视频倾向于一些表情比较夸张,可以惟妙惟肖地诠释台词的演员;故事叙事类短视频倾向于演员的肢体语言表现力及演技;美食类短视频对演员传达食物吸引力的能力有着较高的要求;生活技巧类、科技数码类及电影混剪类短视频等对演员没有太多演技上的要求。

3. 短视频的策划

古人云:"凡事预则立,不预则废"。对于短视频而言,策划是为了更深层次地诠释内容，将作品的中心思想表达得更清楚。因此，只有好的策划才能有好的作品。策划短视频脚本的作用在于让一切参与视频拍摄、剪辑的人员，根据脚本大纲的指导进行，提升拍摄质量和效率。短视频的策划流程大致需要如图 4-27 所示的 3 个步骤。

图 4-27

1) 短视频脚本的策划与撰写

首先，运营者要学会在脚本与剧本中取舍。脚本与剧本是短视频策划中存在的两种截然不同的表现手法，脚本侧重于表现故事脉络的整体方向，相当于主线。剧本呈现的内容则更加详细，加入了更多细节因素，甚至包括短视频内容发生的时间、地点、人物动作、对话等细节。

短视频最大的特点就是短，将主题浓缩在极短时间里，既要保证主题鲜明，又要做到内容精简。所以在前期策划时通常会选择脚本进行规划。而脚本可以分为拍摄提纲、分镜头脚本和文学脚本 3 种类型。

- 拍摄提纲：拍摄提纲相当于为短视频搭建了一个框架，开拍之前需要罗列整理出拍摄内容，类似于提炼文章主旨。选择拍摄提纲这类脚本，大多是因为拍摄内容与拍摄过程中存在大量的不确定因素。拍摄提纲不会对脚本内容设限，摄影师可以现场自由发挥。
- 分镜头脚本：分镜头脚本最为细致。每个分镜头脚本的写作会将短视频中的每一个画面都体现出来，包括对镜头的要求(推拉摇移、大中近特写等)也会一一写出来。所以前期创作分镜头脚本耗时耗力较为复杂，但分镜头脚本的细化对后期拍摄的画面要求就会很高，需要特殊选景置景、美术道具、演员表演走位等各方面进行定制化，更适合一些类似于微电影的短视频使用。这类视频由于故事性强，对更新周期没有严格限制，创作者有大量的时间和精力去策划，既能保证严格的拍摄要求，又能提高画面质量。
- 文学脚本：文学脚本在拍摄提纲的基础上增添了细节内容，更加丰富完善脚本。文学脚本和以上两种相比更加灵活，它会将拍摄中的可控因素罗列出来,而将不可控因素放置在现场拍摄中随机应变。因此,在时间和效率上都有提高,比较适合一些不存在剧情,直接是画面和表演的短视频。

三种脚本并没有具体地划分哪些视频适用于哪种脚本,但在短视频策划时脚本应该追求内容尽可能丰富完整,但又要做到化繁为简,为拍摄执行提高效率。不要局限于脚本的条条框框,将短视频创作的拍摄细节、思路、人物对话、场景等内容丰富到视频脚本中,将一切需要的内容保留下来,那些不可控的、没有用处的内容全部删除。这样不但节省时间和精力,还能让短视频获得最好的效果。

最后运营者还要了解脚本的一些构成要素,具体如图4-28所示。

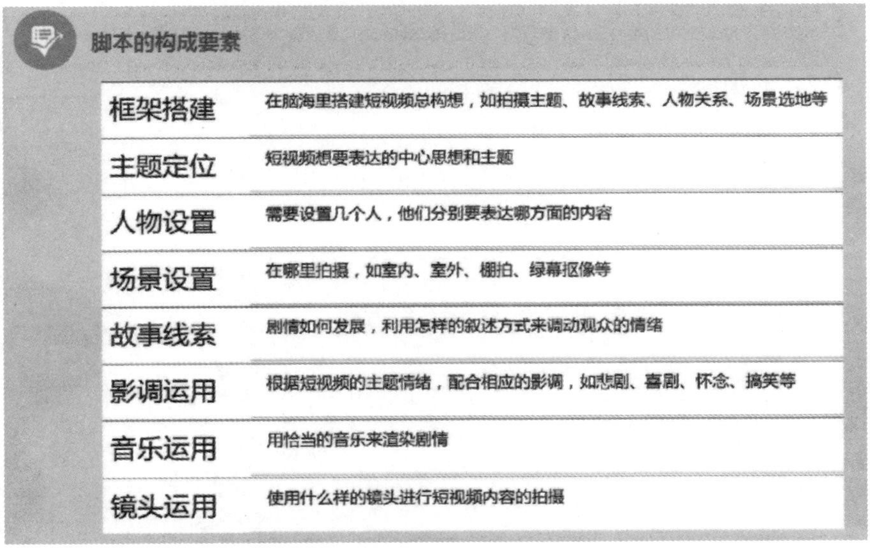

脚本的构成要素	
框架搭建	在脑海里搭建短视频总构想,如拍摄主题、故事线索、人物关系、场景选地等
主题定位	短视频想要表达的中心思想和主题
人物设置	需要设置几个人,他们分别要表达哪方面的内容
场景设置	在哪里拍摄,如室内、室外、棚拍、绿幕抠像等
故事线索	剧情如何发展,利用怎样的叙述方式来调动观众的情绪
影调运用	根据短视频的主题情绪,配合相应的影调,如悲剧、喜剧、怀念、搞笑等
音乐运用	用恰当的音乐来渲染剧情
镜头运用	使用什么样的镜头进行短视频内容的拍摄

图 4-28

2) 按照大纲安排素材

创作者在撰写短视频大纲时要注意两点:一是大纲要呈现出主题、故事情节、人物与题材等短视频要素;二是大纲要清晰地展现出短视频所要传达的信息。其中,故事情节是短视频拍摄的主要部分,素材收集也要为这个部分服务,如需要的道具、人物造型、背景、风格、音乐等都需要视情节而定。

例如拍摄科技数码类短视频,拍摄这类短视频时,一定要注意严格把控素材的时效性,这就需要创作者获得第一手素材,快速地进行处理与制作,然后进行传播。

3) 镜头流动,引导关注

短视频是由一段接着一段镜头组成的完整视频,镜头是视听语言中"视"的部分,也是最基本的一部分。观众在观看短视频时所感受到的时间和节奏变化,都是由镜头流动产生的。短视频以镜头为基本的语言单位,而流动性就是镜头的主要特性之一。镜头流动除了表现在拍摄物体的运动上之外，还表现在摄像机的运动上，具体如图 4-29 所示。

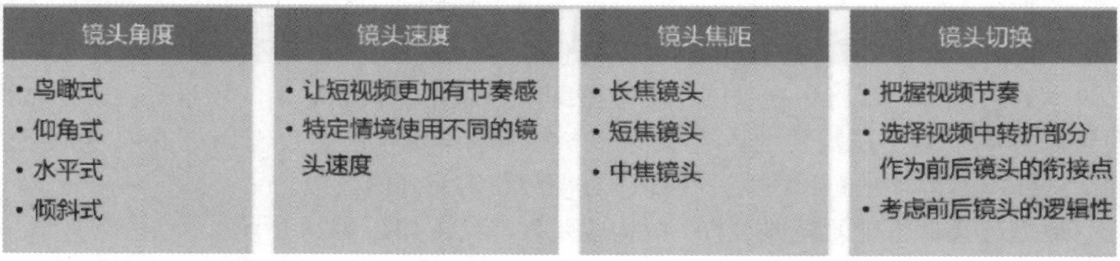

镜头角度
• 鸟瞰式
• 仰角式
• 水平式
• 倾斜式
镜头速度
• 让短视频更加有节奏感
• 特定情境使用不同的镜头速度
镜头焦距
• 长焦镜头
• 短焦镜头
• 中焦镜头
镜头切换
• 把握视频节奏
• 选择视频中转折部分作为前后镜头的衔接点
• 考虑前后镜头的逻辑性

图 4-29

4. 短视频的拍摄

随着 5G 技术的成熟，短视频越来越流行，普通民众也可以用短视频录制生活，实现宣传推广目的。短短几十秒的视频看似简单，但实际上却是各种影视技术的集中。短视频的拍摄主要包括如图 4-30 所示的几个部分。

镜头语言
使用空镜头
镜头移动拍摄
1
2
3
4
5
6
使用定场镜头
使用分镜头
使用灯光

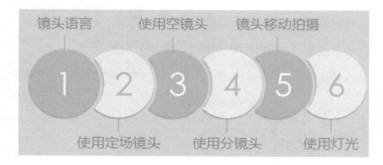

图 4-30

1) 镜头语言

短视频创作者需要了解的镜头语言主要包括景别、摄像机的运动及短视频的画面处理方法。

- 景别：根据景距与视角的不同，景别一般分为以下几类：极远景、远景、大全景、全景、小全景、中景、半身景、近景、特写和大特写。
- 摄像机的运动：摄像机的运动一般包括以下几类：推、拉、摇、移、跟、升、降、俯、仰、甩、悬、空、切、综、短、长、变焦拍摄、主观拍摄。
- 短视频的画面处理方法：短视频的画面处理方法包括以下几类：淡入、淡出、化、叠、划、入画、出画、定格、倒正画面、翻转画面、起幅、落幅、闪回、蒙太奇和剪辑。

2) 使用定场镜头

定场镜头是短视频一开始,或一场戏的开头,用来交代故事发生的时间和地点的镜头。定场镜头可以交代故事的社会背景,为短视频奠定节奏,营造短视频的气氛和感情基调。

定场镜头是拍摄短视频的核心镜头之一,它告诉观众在哪里或什么时候下一个场景将会发生。定场镜头的拍摄手法包括常规拍摄、结合情节、建立地理概念、确定时间。

3) 使用空镜头

空镜头主要分为两类:一类以景为主、物为陪衬,如群山、山村全景、田野、天空等,使用这类镜头转场既可以展示不同的地理环境、景物风貌,又能表现时间和季节的变化;另一类以物为主、景为陪衬,如在镜头前飞驰而过的火车、街道上行的汽车,以及室内陈设、建筑雕塑等各种静物。空镜头的运用已经成为短视频创作者将抒情手法与叙事手法相结合,增强艺术表现力的重要手段。

4) 使用分镜头

分镜头可以简单地理解成短视频的一小段镜头,电影就是若干个分镜头剪辑而成的。分镜头是一个很关键的概念,它的作用是使人们能够从不同视角、不同方面了解画面所要表达的主题。多使用分镜头,可以让观众更全面、快速地了解被拍摄对象,更有兴趣观看下去。

例如拍摄旅行短视频,用第一个分镜头告诉大家"这是哪里",可以拍一段展示周边环境和建筑全貌的画面;再拍一段分镜头,告诉大家"拍的是什么",可以拍一段展现人物全身或物体局部的画面;最后用一个分镜头告诉大家"拍摄的主体在这里做什么",可以拍摄人物的动作或行为等。

5) 镜头移动拍摄

动静结合的拍摄,即"动态画面静着拍,静态画面动着拍"。

在拍摄动态画面时,镜头最好保持静止。动态画面是指拍摄的画面本身在动,如冒热气的咖啡、路上的行人、翻涌的浪花、不停变化的灯光等。这类画面由于被拍摄者本身在动,若拍摄时镜头也有大幅度的移动,会让整个画面显得混乱,找不到拍摄的主体。因此,当拍摄完一个画面后,尝试换一个角度,同样不要动,完成下一个分镜的拍摄。

与动态画面相比,若在拍摄静态画面时镜头也静止不动,就会显得有些单调。因此,在拍摄静态画面时,镜头可以适当地缓缓移动,但不要让拍摄的物体移动到画面边缘或画面外。在移动镜头时,可以从上到下移动,也可以从左到右移动,尽量平行、平稳地进行移动,让拍摄的画面保持稳定。

6) 使用灯光

在室内拍摄短视频需要使用灯光,这时要注意如图 4-31 所示的要素。

图 4-31

- 光度：光度是光源发光强度和光线在物体表面的照度，以及物体表面呈现的亮度的总称。光源发光强度和照射距离影响照度，照度大小和物体表面色泽影响亮度。
- 光位：光位是指光源相对于被摄体的位置，即光线的方向与角度。同一对象在不同的光位下可以产生不同的明暗造型效果。
- 光质：光质是指光线聚、散、软、硬的性质。聚光的特点是来自一种明显的方向，产生的阴影明晰而浓重；散光的特点是来自若干个方向，产生的阴影柔和而不明晰；光的软硬程度取决于若干因素，光束狭窄的比光束宽广的通常要硬一些。
- 光型：光型是指各种光线在拍摄短视频时的作用，分为主光、轴光、修饰光、轮廓光、背景光和模拟光。
- 光比：光比是指被摄体主要部位的亮部与暗部受光量的差别，通常是指主光与辅光的差别。光比大，反差就大，有利于表现"硬"的效果；光比小，则有利于表现"柔"的效果。
- 光色：光色是指光的颜色或色光成分，通常将光色称为色温，它决定了光的冷暖感，可以激发人们许多情感上的联想。

5. 短视频的剪辑与包装

在对短视频剪辑与包装的过程中，需要注意如图 4-32 所示的方面。

图 4-32

1) 合理利用与整合素材

在短视频制作领域，素材的积累与整合非常重要，合理地利用已有资源可以大大地提高工作效率。短视频的后期制作需要添加音乐素材、模板素材及滤镜素材等，在使用这些素材时不要忽视版权方面的问题。

2) 视频剪辑突出核心和重点

视频剪辑是为短视频赋予第二次生命的过程。在剪辑过程中，剪辑师会将个人对于整个短视频故事情节的理解投入其中，这就意味着最后的成片会突出什么是由不同的剪辑手法决定的，所以剪辑师必须对短视频要表达的主题有足够的理解，这样才能让视频剪辑突出核心和重点。

3) 背景音乐与视频画面相呼应

短视频的背景音乐除了配合画面内容的发展之外，也是短视频内容的重要表现形式。在选择背景音乐时，要注意音乐的节奏感、音乐类型、音乐歌词是否与内容表达一致等。

4) 镜头的剪辑

镜头的剪辑主要包括分剪、挖剪、拼剪及变格剪辑。

5) 尽量少用转场特效

短视频的转场特效应该用在前后镜头画面、色彩相差过大或者故事发生重大改变的时候，起到一种承接的作用，在使用时应尽量与短视频内容本身相贴合，做到浑然一体。滥用或错用转场特效容易打断观众的视觉思维，扰乱故事的节奏。

6) 片头和片尾体现变化

片头和片尾是短视频中承上启下的桥梁和纽带。片头是短视频开场的序幕，片尾是短视频结束的跋幕。

6. 短视频的发布

短视频在制作完成之后，就要进行发布。在发布阶段，要做的工作主要包括选择合适的发布渠道、渠道短视频数据监控和渠道发布优化，如图4-33所示。

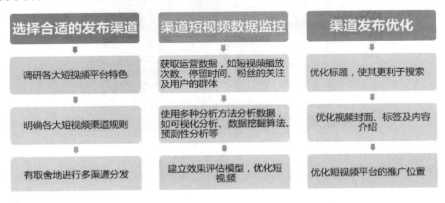

图 4-33

4.2.3 短视频的推广

学会怎样拍摄和制作短视频后，运营者还要学习的是如何利用短视频进行推广引流，并让这一效果尽量得到提升。下面将从基于用户需求提升关注度、使用妙招提升短视频推广效果和通过好内容赢得用户的更多点赞 3 个方面来详细介绍短视频推广引流的相关知识。

1. 基于用户需求提升关注度

短视频火爆新媒体市场后，持续升温，短视频营销生态也愈加完善，短视频运营也越来越专业化。短视频虽然很火，但是，相当大一部分运营者在制定短视频运营方案时，由于经验不足、缺乏创意、定位不精准等原因，导致账号无法正常运营下去。

对于如何提升账号的关注度，不同的人有不同的看法和见解。其实，解决问题的核心还是在于"用户为什么关注你"这一用户动机。下面详细介绍提升用户关注度的方法。

1) 营造愉悦气氛，满足用户对快乐的需求

喜怒哀乐是人们经常会有的情绪，而"乐"可以带给自身和周围的人以愉悦的感受。在抖音平台上，就有很多短视频营造出"乐"的情绪氛围，如图 4-34 所示。

图 4-34

在短视频运营的过程中，如果一个账号能够持续给用户带来快乐的感受，那么让他们持续关注就是一件轻而易举的事情了。那么如何才能持续满足用户对快乐的需求呢？主要有以下两点。

第一点是短视频题材的选择。既然是满足快乐的需求，那么我们的内容要尽量营造搞笑、轻松、喜庆的氛围。第二点是保持表演风格、角色塑造等的一致性。风格与

角色的一致性能够帮助用户朝固定方向联想,形成期待感,从而提升关注度及用户黏性。如果能长期保持一致性,随着时间的推移和内容的积累,用户会自然而然地对接下来的短视频内容中的角色有固定联想,并期待后续剧情的发生。值得一提的是,在保持这种一致性的情况下,即使某一天出现了不一样的角色塑造,用户也会在一定程度上沿着原有的角色塑造进行联想。

  2)抓住用户的好奇心理,满足好奇心需求

  面对未知,人们总是会有不断探索的心理需求。例如,在孩童时期,我们对一些好玩的、未见过的东西有着巨大的好奇心。在这种普遍的动机需求下,推送能引发或满足用户好奇心的短视频内容,是一种非常有效的方法。

  能满足用户好奇心的短视频内容一般有 3 种:稀奇的、新鲜的、长知识的。如图 4-35 所示为通过稀奇的内容满足用户好奇心的抖音短视频案例。

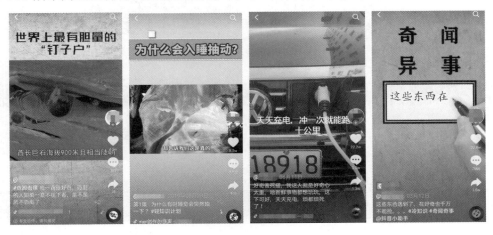

图 4-35

  这几类短视频利用人们认知上的反差引发好奇,或是利用新鲜内容为人们提供谈资,又或是利用长知识的内容提升优越感,这些都是能满足用户好奇心而引发关注的好方法。

  3)视频内容满足用户学习模仿的需求

  人在见到好的技巧和行为时,经常会不自觉地开始模仿。例如:喜欢书法的人,偶然在某处看到书法好的碑帖、字帖,就会细细观摩,并在练习的时候不自觉地开始模仿。如图 4-36 所示为能满足用户学习模仿需求的抖音短视频案例。

  视频内容的出现,为用户提供了更真实、生动的学习模拟平台。无论是有亮点的技能、特长,还是值得学习的某项行为,都有着巨大的吸引力。

  4)满足用户解决问题的需求

  除了满足用户的快乐、好奇心和学习模仿需求外,短视频内容中如果能满足其他两项更进一步的需求——解决问题、自我实现的需求，也能吸引用户关注。

图 4-36

智慧锦囊

如果说满足用户的快乐、好奇心需求还只是停留在心理层面的话，那么满足学习模仿需求已经上升到了行为层面。只是相对于满足解决问题的需求而言，满足学习模仿需求并不是生活必需的，而后者恰好相反，完全是生活能力和水平提升所必需的。

无论做什么事，人们总是在遇到问题和解决问题中度过的。因此，运营者如果能为用户提供解决某一问题的方法和技巧，满足人们解决问题的需求，并能帮助人们更好地完成任务，那么，获得更多的用户关注就很容易了。如图 4-37 所示为能满足用户解决问题需求的短视频。

这类短视频有一个特点，它吸引用户关注的时长可能并不是某一个时间点，而是会持续一段时间。例如，当用户看到某一短视频时，当时觉得它有用而关注，过了一段时间后，在生活中遇到了需要短视频内容中提及的方法来解决问题时，用户会二次关注或多次关注。

所以，能满足用户解决问题的短视频内容是工具化的，有着更长的生命周期。它能让用户"因为其他事情而想起它"，这种结果的发生是必然的。这套短视频运营方案也能打造出一个指向性明确的短视频账号。

5) 根据用户想自我实现的心理需求制定方案

从心理层面到行为层面，再到更高层次的精神层面，有着跨越性发展。运营者在短视频运营的过程中，也可以按照这样的顺序来推出内容，吸引用户关注。

满足自我实现需求的内容，简单地说，就是"心灵鸡汤"。"心灵鸡汤"类的短视频之所以能引起用户的关注，最根本的原因还是在于其中所包含的正能量和积极的思想。如图4-38所示为"心灵鸡汤"类的抖音短视频案例。

图 4-37

图 4-38

生活中总会遇到挫折，而在遇到挫折时我们需要有积极的思想做引导。基于这种情况，我们推出具有正能量的内容，给用户以指引，从而提升用户的关注。同时，

"心灵鸡汤"类的短视频内容很多是来自名人名言并蕴含着丰富哲理,因而可以利用其权威效应,提升用户的控制感,降低被控制的思想禁锢,让人生重新焕发生机和活力。

2. 使用妙招提升短视频推广效果

随着短视频的发展,越来越多的商家和品牌选择短视频作为其宣传推广的重要渠道,同时加大在相关短视频平台上的投放力度,特别是抖音短视频,更是成为品牌推广引流的新战场。那么,如何才能提升在短视频平台上的推广效果呢?下面详细介绍几个妙招。

1) 明星效应,自带流量

明星在短视频运营中的作用是不容忽视的,粉丝和媒体的力量十分强大,能够让短视频内容变得更加引人注目。从短视频诞生之日起,明星就已经参与其中了。在后来短视频的发展过程中,也有不少明星推出了短视频内容。

比如阿迪达斯旗下的 adidas neo 为了宣传和推广品牌,加入了抖音,并推出其明星代言人的相关视频,迅速吸引了 100 多万粉丝,赢得了众多用户点赞和互动。如图 4-39 所示为 adidasneo 抖音号推出的视频截图。

图 4-39

2) 热点话题,引发热议

短视频如果想吸引庞大的流量,就应该有效地借助热点来打造话题,紧跟潮流,这样做的好处有两点。具体分析如图 4-40 所示。

而且,热点还包括不同的类型,涵盖了社会生活的方方面面,比如社会上发生的具有影响力的事件,或者是有意义的节日、比赛等,还有一些娱乐新闻或者电影电视剧的发布也是热点的一部分。

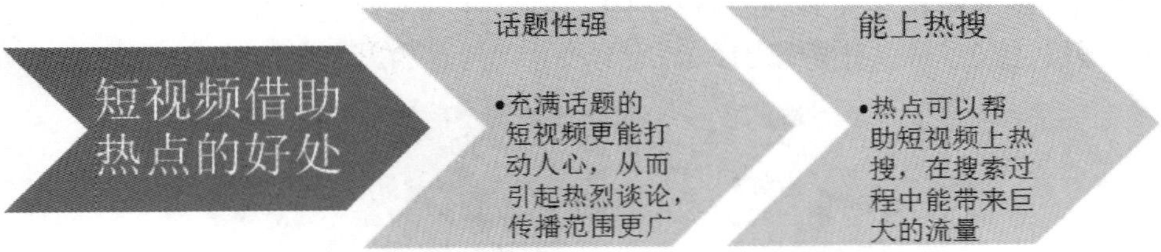
短视频借助热点的好处
话题性强
•充满话题的短视频更能打动人心，从而引起热烈谈论，传播范围更广
能上热搜
•热点可以帮助短视频上热搜，在搜索过程中能带来巨大的流量

图 4-40

吉列为打响品牌、推广产品而制作的短视频就是借助热点的典型案例。它紧扣“父亲节”这一热点推出了“这个父亲节，去请教父亲吧！”短视频广告。如图 4-41 所示为吉列“这个父亲节，去请教父亲吧！”短视频的画面截图。

THIS FATHER'S DAY
这个父亲节，去请教父亲吧！

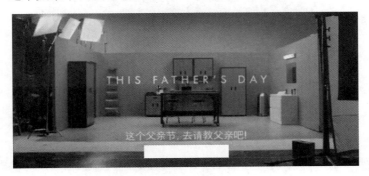

图 4-41

3) 品牌人设，提升黏性

所谓“人设”，就是人物设定的简称，用来描述一个人物的基本状况，一般分为角色设计和人物造型等。而从具体的内容来说，人设主要包括人物的性格、外貌特征和生活背景等。

一般来说，人设是一篇故事得以继续下去和合理展现的重要因素，如果人设不合理，那么所展现出来的内容必然也是违反常规和逻辑的。另外，人设如果设置得好，那么，在吸引读者注意方面会起到画龙点睛的作用。因此，在进行短视频运营时，有必要通过建立品牌人设来推广引流。其原因就在于如果能打造别具特色的、专属的品牌人设，形成固定风格，那么在引导用户群体关注和提升忠诚度方面是非常有效的。

图 4-42 所示为东鹏特饮塑造品牌人设的抖音短视频案例。

在图 4-42 展示的两个案例中，都有“阿鹏”这一角色，他就是这一品牌塑造的清晰且年轻化的人设。在“东鹏特饮”抖音号的所有短视频内容中，“阿鹏”这一品牌人设就是一个狂热的球迷，并通过其在短视频中的各种表现以及与非球迷妻子之间

的小故事，一方面确保了其与品牌调性的高度一致性——"年轻就要醒着拼"；另一方面，也通过阿鹏和相关人物的精彩演出，拉近了与东鹏特饮品牌的目标用户之间的距离，最终达到了扩大传播范围和提升用户黏性的目的。

图 4-42

那么，在品牌推广引流中，如何通过人设来提升效果呢？具体来说，其运营逻辑包括 3 大流程，如图 4-43 所示。

了解品牌用户需求和进行账号定位，从而确定品牌的账号人设和运营主线

基于人设和运营主线打造优质短视频内容，并达到聚焦用户和提升用户忠诚度的目的

基于短视频运营过程中积累的优质内容及其影响，持续吸引目标用户，让短视频平台成为品牌运营的流量聚集地

图 4-43

4) 挑战赛，快速聚集流量

抖音挑战赛的发起和参与，作为一种独特的短视频营销模式，是极易提升品牌认知度和获得消费者好感的方式。如图 4-44 所示为抖音挑战赛的运营推广分析。

图 4-44

在"抖音短视频"App 上,有参与人数多、点赞量多的挑战赛,运营者可以选择主题、风格合适的挑战赛参与其中。

如图 4-45 所示为奇多食品品牌发起的"#奇多奇葩吃挑战赛"案例。该挑战赛迎合了年轻人的喜好,与这一挑战赛相关的视频有 5.6 亿次播放。对于奇多食品这一品牌而言,不仅起到了传播品牌故事和宣传品牌价值的作用,还在某种程度上带动其他人玩起来,提升了他们对品牌的认知度和参与度。

图 4-45

智慧锦囊 在"抖音短视频"平台的挑战赛玩法中,运营者要注意一点,即坚持好玩内容和低门槛、易模仿的结合。

5) KOL 合作，提升知名度

KOL(Key Opinion Leader 的缩写)表示：“关键意见领袖”。这类人一般具有 3 个基本特点，如图 4-46 所示。

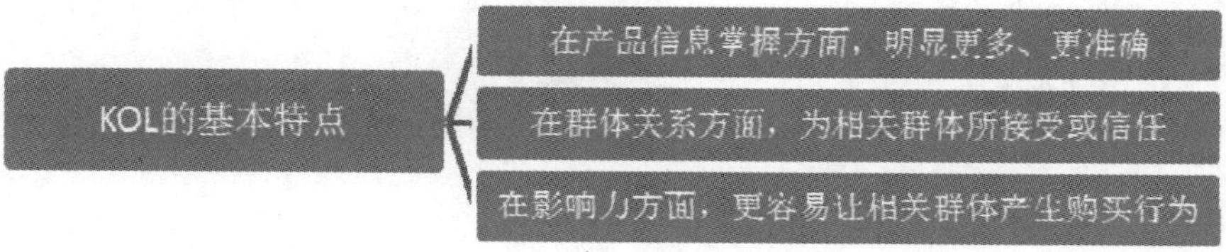
KOL的基本特点
在产品信息掌握方面，明显更多、更准确
在群体关系方面，为相关群体所接受或信任
在影响力方面，更容易让相关群体产生购买行为

图 4-46

正是因为这 3 个特点，使得有 KOL 参与的企业视频广告在推广方面效果显著。对于运营者来说，在短视频广告中找 KOL 进行合作，存在三大明显优势，如图 4-47 所示。

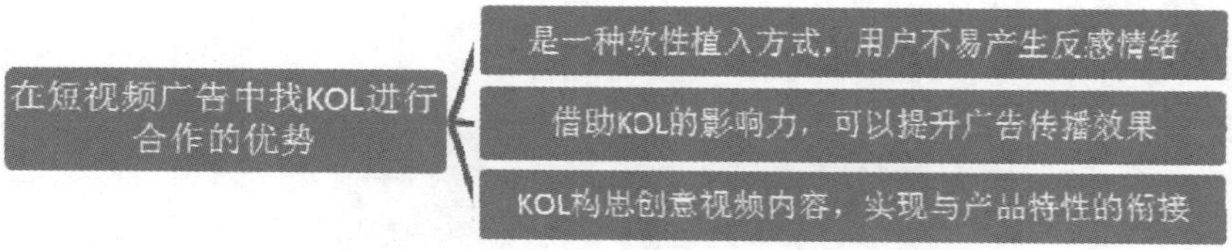
在短视频广告中找KOL进行合作的优势
是一种软性植入方式，用户不易产生反感情绪
借助KOL的影响力，可以提升广告传播效果
KOL构思创意视频内容，实现与产品特性的衔接

图 4-47

可见，找 KOL 合作是一种有效的推广方法，是有利于提升产品品牌知名度和信任度的，并最终成功促进产品的销售。如图 4-48 所示为某品牌与时尚领域 KOL 进行合作的案例。

视频同款
潮玩定制罐
视频同款

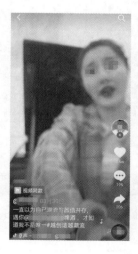

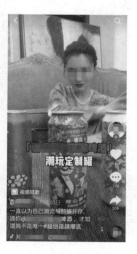

图 4-48

就是凭借这样的"短视频+KOL"内容营销的方式,增加了该品牌的曝光度,同时也使其在该受众群体中的品牌影响力得到了提升。

6) 创意广告,提升观感

在短视频运营中,创意是提升推广效果的关键。特别是在硬广的推广过程中,利用创意方式植入短视频广告,可以在很大程度上改变用户的观感和广告的契合度,如图4-49所示。

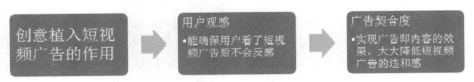

图4-49

在广告创意方面,江小白算得上是玩得比较成功的。除了一些比较经典的广告文案外,它在短视频广告推广上也毫不逊色,如"他们非要我喝西瓜汁的时候酷一点"的短视频广告就是如此。如图4-50所示。

图4-50

在这一广告中,关于江小白这一品牌的广告植入还是非常有创意的——紧扣"酷"这一字眼,将喝西瓜汁玩出了新花样:以西瓜本身作为容器并安上水龙头,在让西瓜果肉变为果汁并加入冰块的情况下,还添加了江小白,从而实现了江小白这一品牌和产品的创意植入。

7) 互动贴纸,提升好感度

利用短视频进行品牌推广,有两个层次的目标:一是能减少用户对广告的反感情绪,前面介绍的植入创意广告和找KOL合作就能达到这一目标;二是能实现双方互动,并促进短视频内容的二次传播,在更大范围内提升品牌好感度。

关于这两个层次目标的实现,"抖音短视频"平台的互动贴纸应用就是一个很好的方法。运营者可以在平台上发起挑战赛并定制创意贴纸,而用户可以在拍摄视频时选择贴纸下载。如果品牌和商家定制的创意贴纸吸引人,那么用户使用的频率就比较高,从而促进品牌的传播。

就如大家熟悉的餐饮品牌必胜客,就曾在"抖音短视频"平台上策划了一个名为#DOU 出黑,才够 WOW#的主题活动用来宣传其新品。必胜客 WOW 烤肉黑比萨,并通过平台定制了多种含有必胜客元素的 BGM、360°全景贴纸和系列面部贴纸,如图 4-51 所示。

图 4-51

8) 剧情反转,带来惊奇感

在短视频的运营推广中要注意,剧情表达方式不同,其运营效果也会相应地产生差异。特别是当一个短视频的剧情是平铺直叙地展开,另一个短视频的剧情却突然出现了反转,对受众来说,后一种剧情更能带给人惊奇感,也更能吸引人注意。

因此,运营者在安排短视频剧情时可以从反转的角度出发进行设计,打破常规惯性思维,提供给受众一个完全想不到的结局,能让受众由衷地感叹剧情的曲折性和意外性。如图 4-52 所示为唯品会的剧情反转短视频广告。

图 4-52

在该短视频中，利用背景音乐"确认过眼神，我遇见对的人"营造氛围，在男主角以为女主角被自己吸引的时候，剧情突然反转——原来吸引女主角的是唯品会的广告宣传内容。

不仅短视频广告可以安排反转剧情，在平常的短视频运营中也可以运用这种方法来打造优质视频。特别是一些搞笑视频，就是通过剧情反转来营造幽默氛围的，如图4-53所示。

图 4-53

3. 通过好内容赢得用户的更多点赞

短视频内容作为一种直观、真实的内容形式，在感染力方面明显比文字更胜一筹。而要想让短视频发挥出更大的推广效果，就需要在短视频内容上做功课，打造出受大众欢迎、让用户点赞的爆款内容。下面详细介绍几个通过好的短视频内容引流的方法。

1) 高颜值，满足爱美之心

关于"颜值"的话题，从古至今，有众多与之相关的词语，如沉鱼落雁、闭月羞花、倾国倾城等，除了可以形容其漂亮外，还体现了漂亮所引发的效果。可见，颜值高是有一定影响力的，有时甚至会起决定性作用。这一现象同样适用于打造爆款短视频。当然，这里所说的颜值并不仅仅指人，还可以包括好看的事物、美景等。

从人的方面来说，除了先天条件之外，要想提升颜值，有必要在形象和妆容上下工夫；让自己看起来显得精神、有神采，而不是一副颓废的样子。而画一个精致的妆容后再进行拍摄，是提升颜值的便捷方法。

从事物、美景的方面来说，是完全可以通过其本身的美再加上高超的摄影技术来实现的，如精妙的画面布局、构图和特效等，就可以打造一个高推荐量、播放量的短视频。如图 4-54 所示为有着高颜值的美食以及美景的短视频内容。

图 4-54

2) 萌属性，吸引用户注意力

在互联网和移动互联网中，"萌"作为一个特定形象，奠定了其在用户中重要的审美地位，同时也得到了很多用户的喜欢，无论男女老少，都有它的忠实粉丝。更不要说在短视频这一碎片化的视频内容中了，特别是在抖音平台上，以"萌"制胜的视频类型和内容有很多，总的来说包括 3 种，具体如图 4-55 所示。

```
                        ┌─ 可爱的萌娃，是众多宝妈发布视频时所要展示的骄
                        │   傲，他们随便的一个语音、一个动作或者一个笑容
                        │   都能柔化众多用户的心
                        │
以"萌"制胜的视频内容 ─┼─ 毛茸茸的猫、狗等小动物，也是众多用户喜欢的，它
                        │   们能在很大程度上保证获得高流量，特别是在选取
                        │   的卖萌场景和角度足够好的情况下
                        │
                        └─ 各种各样的展现萌态的玩偶，也是众多观众喜欢的，
                            然后再配上生动、形象的内容说明和故事等，更能
                            吸引人的关注和购买
```

图 4-55

如图 4-56 所示为在抖音短视频上以"萌"为主要内容的短视频案例。在这些短视频中，不管是萌娃还是小动物或者是玩偶，都尽情地展现出了他(它)们的可爱和萌态。

图 4-56

3) 暖元素，让观众产生爱

在日常生活中，人们总是会被能让人产生归属感、安全感以及爱与信任的事物所感动。例如，一道能让人想起爸妈的家常菜，一个习以为常却体现细心与贴心的举动等。这些都是能让人心生温暖的正面情绪，当然，它们也是最能触动人心中柔软之处的感情，且是一份能持久影响人内心的感情。如图 4-57 所示为能让人心生温暖和产生爱的短视频案例。

图 4-57

4) 干货内容，放心地落地执行

随着短视频行业的快速发展和行业的调整，短视频在受用户欢迎的程度上可能会发生大的变化，但是对用户来说具有必要性的干货类短视频内容是不会随之湮灭的，还有可能越来越受重视。相对于纯粹用于欣赏的短视频而言，干货类短视频有着更宽广的传播渠道，且日益积累的结构化的内容输出，极有可能把账号打造成大的短视频IP。一般来说，干货类短视频包括两种，换句话说，也就是干货类短视频的内容具有的特征，即知识性和实用性。

所谓知识性，就是短视频内容主要是介绍一些有价值的知识。例如，关于汽车、装修等某一行业方面的专业知识，这对于想要详细了解某一行业的用户来说是非常有用的。如图 4-58 所示为专门介绍和讲解汽车知识的短视频案例。

所谓"实用性"，着重在"用"，也就是说用户看了短视频内容后可以将它们用在实际的生活和工作中。一般来说，实用性的短视频是介绍一些技巧类的使用功能的。如图 4-59 所示为实用性装修厨房短视频。

图 4-58　　　　　　　　　　　　　　图 4-59

5) 技艺牛，让用户衷心佩服

对于运营者来说，如果拍摄的短视频内容是专注于某一事物，且视频中展现的内容体现了主人公和其他人的非凡技艺，那么，这类短视频也是非常吸引人的，如图 4-60 所示。

6) 各种恶搞与搞笑，创造新意

在抖音短视频平台上，人们在无聊和闲暇时间喜欢观看的视频除了上述几类外，还有一种就是搞笑、恶搞类的短视频。且这类短视频内容在各平台上比较受用户的欢迎。

所以用户在打造爆款短视频时，可以从搞笑、恶搞的角度着手，运用各种创意技巧和方法对一些比较经典的内容和场景进行视频编辑和加工，也可以对生活中一些常见的场景和片段进行恶搞似的拍摄和编辑，从而打造出完全不同的、能使人娱乐和发笑的短视频内容。如图 4-61 所示的"搞笑段子"就是一个专门制作搞笑段子的抖音号。

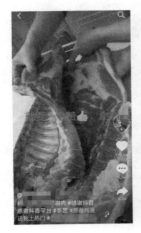 

图 4-60

图 4-61

7) 正能量，点燃信念之火

"正能量"在如今被频繁提起。可以说，每个人心中都有着善良的一面。无论你的正能量是爱国的热血，还是街头走访帮助孤寡老人、小贩；抑或是勇于救人的英勇事迹，这一类短视频总能引起一些人的共鸣，让用户受到感染。如图 4-62 所示分别为消防队员奋不顾身救助被困夫妇和外卖小哥冒着暴雨盖上井盖，两个正能量短视频，获得了很高的点赞数量和评论转发。正能量，可以说是一个点燃人们心中的信念之火，使之熊熊燃烧，永不熄灭。

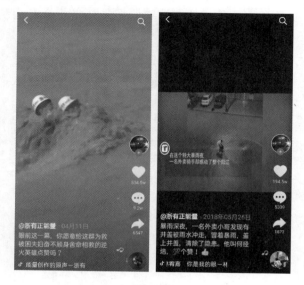

图 4-62

第 5 章　微博运营与推广

微博营销以微博作为营销平台,每一个粉丝都是潜在的营销对象,每个企业通过定期更新自己的微博向网友传播企业、产品的信息,树立良好的企业形象和产品形象。本章主要介绍了微博运营与推广方面的知识与技巧。

5.1 认识微博营销

本节导读　微博有着极强的传播力度，每天都会产生很多新的热点话题，将前一天的热点冲淡。谁也不知道下一场风暴始于哪一句不经意的评论，或者哪一个无名小卒随手上传的视频。但目光敏锐的微博运营者只要一发现新的热点，就会积极参与其中，推动它成为高人气的热门话题。本节将带领读者全面认识微博营销的基础知识。

5.1.1 微博的特点

微博刚问世的时候，大家只把它当成是一种特殊的博客，根本没想到这种新媒体平台会冲击很多传统产业，又让一些传统产业插上了"互联网+"的翅膀。微博能演变成新媒体营销的主要平台，与其自身的特点有关。

第一，微博平台本身就采用了多媒体技术，用户可以用文字、图片、视频、音频等形式发布内容。

第二，在各种各样的互联网平台中，微博是发布信息最便捷的，能让营销者节约很多时间和成本。

第三，无论内容多么复杂的微博，都能被一键转发，这使得微博能在短时间内获得惊人的转发量。

第四，微博的信息是通过博主的粉丝来扩散的，容易通过裂变式传播产生广泛的影响力。

上述 4 大特点使得微博成为一个便于操作、成本低、传播力度大、能兼容多种应用、利于与用户产生密切社交关系的优良营销平台。微博作为一种社交媒体，最大度地把品牌运营者与广大粉丝凝聚在一起，让营销活动变得更加个性化、精准化。故而微博营销几乎占据了新媒体营销的半壁江山。

5.1.2 微博营销的价值

不少自媒体把微博当成了增长粉丝的工具，其实微博的营销价值远不止这些，还包括以下几个方面。

1. 广告宣传

移动互联网让人们形成了随时用手机查看社交媒体上的消息的习惯。这使得在社交媒体上发布的信息比传统宣传渠道的曝光率更高。产品用户和潜在客户从企业官方微博上看到广告的概率比在企业官方网站上要高得多，这无疑大大提高了广告宣传的力度。

2. 市场调研

微博在营销领域的异军突起并不意外。它原本就是类似 Twitter(推特)的社交媒体，主要用来和其他网友进行深度交流。运营团队可以利用微博的互动功能来完成产品的市场调研工作。比起传统的街头走访和网上问卷调查，微博成了运营者、产品设计师与产品用户沟通用时最短、最便捷的渠道。这使得微博运营团队能轻而易举地一次采集大量的用户数据，形成比较准确的市场调研报告。

3. 品牌塑造

由于新媒体平台逐渐成为人们的主要信息来源，因此企业的品牌形象与其新媒体平台的形象直接挂钩。企业官方微博本身就是一个人格化的品牌。成功的微博运营能让广大用户把企业官方微博视为生活中不可缺少的朋友，这也使得企业品牌形象更加深入人心。

4. 客户服务

许多用户习惯在官方微博的评论栏里留言，因为这比给公司客服打电话省钱、省力、省时间。这样一来，微博也就变成了天然的客服平台。运营者可以在第一时间发现用户在网络上表达的不满意见，及时回复并跟进，避免对方把负面影响扩大化，提高用户的满意度。

5. 危机公关

新媒体时代的舆论环境十分复杂，一个不起眼的纰漏就会让企业积累多年的名望一夜扫地。在传统媒体领域，企业的危机公关更多的是与报社、电视台搞好关系，封锁不利消息。这一招在人人都是自媒体的今天难以奏效。通过官方微博来发布声明，开展危机公关活动，是现代企业运营的一项重要工作。

微博最初只是自娱自乐的新媒体平台，刚开始的时候大家只是将其视为一种特殊的博客。谁也没想到，微博竟然成为新媒体时代的宠儿，甚至颠覆了传统的互联网营销模式。而门户网站、贴吧等传统互联网平台在微博的冲击下，昔日的辉煌已经不复存在。在网络营销时代，微博凭借其巨大的商业价值属性成为企业重要的网络营销推广工具。

5.2 微博营销策略

本节导读 微博营销因具备传播速度快、覆盖范围广、投入成本低等特点，成为企业和个人的新选择。虽然微博营销带来了方便，但是运用不当损失也是很大的。所以微博营销策略就显得尤为重要。本节将详细介绍微博营销策略，读者可以从这些技巧中深入学习微博营销。

5.2.1 基本设置技巧

无论是个人还是企业，在注册微博时，都需要尽可能地完善资料，包括对昵称、头像、简介、基本信息、微博广告牌等进行系统完善，只有这样才能更多地获得用户信任。

1. 昵称

企业或商家在为品牌设置微博昵称时，应该选择一个合适的微博营销昵称，这样才能够让微博粉丝更好地记住你。因此，在设置昵称时，一定要把握好原则和技巧。下面对微博昵称设置的原则和技巧进行具体介绍。

微博昵称设置有四大原则，具体内容如下。
- 字数不要超过 7 个字，最好控制在 4 个字以内。
- 在昵称中要体现出品牌价值。
- 在昵称中要体现出产品或服务的具体内容。
- 在昵称中要体现出明确的定位。

微博昵称设置有两大技巧，具体内容如下。
- 在设置微博昵称时，最好突出行业的关键词。为了获取更多被检索的机会，在符合用户搜索习惯的前提下，尽量增加关键词的密度。
- 在设置微博昵称时，可以按照"姓名＋行业＋产品"的格式来命名。

总之，微博的昵称设置首先要考虑到搜索的需要，注意用户的搜索习惯。用户一般都是搜索企业或产品，在昵称中体现行业或产品可以方便消费者快速地找到企业或产品。

2. 头像

企业或商家的微博头像一定要真实，最好能够直观地体现出企业、产品或品牌。例如，可以用品牌标识、店面或商品的照片等作为微博的头像。如图 5-1 所示，为尼康中国微博头像。这样可以让用户在搜索时对企业或产品一目了然，便于用户以此来与其他企业或产品进行区分。

图 5-1

3. 简介

简介是微博账号设置基本信息里的最后一项内容。企业可以根据自己的产品准备很多词组，去掉个人标签用掉的几个，剩下的就写在简介里。注意，不要只写一句话，更不要写成诗情画意的一句话，励志名言写在这里也是没用的。

简介的具体内容一般都是参考搜索的概率来写的。需要注意的是，词语之间要用空格隔开，不要用任何标点符号。其次，写完后面要加上企业的电话号码或微信号、QQ 号。但是，在简介中最好不要写网址。因为对于手机用户来说，那些写在简介中的网址是无法直达的。如图 5-2 所示为尼康中国微博的简介界面。

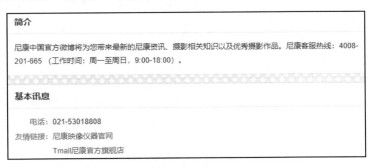

图 5-2

4. 完善基本信息

对个人微博来讲，用户还应该完善微博的基本信息，信息越完善，就越能让用户了解你，也更方便用户搜索到你，毫无疑问，也可以增加用户的信任感。此外，用户最好将微博与自己的常用手机进行绑定，因为与手机绑定的用户可以享受到很多高级功能，这样更方便通过微博平台开展业务。如图 5-3 所示为个人用户的微博基本信息界面。

5. 微博广告牌

微博广告牌主要是用来进行宣传推广的，它与 QQ 空间的背景设计类似。微博用户只要开通会员就可以对背景进行自定义设置。用户在自定义设置时，可以将自己的二维码、微信号、QQ 号、电话号码、网店地址等具体信息添加上。这样当别人打开你的微博主页，就可以看见你所有的联系方式了，方便他人与你取得联系。

微博最好申请认证。微博的个性域名可以用官方网址，没官方网址的可以用你的英文名字或微信号，这样能起到好记、互相支撑的作用。

图 5-3

5.2.2 推广内容技巧

对于微博营销来说，只做完前期的工作是远远不够的，它更需要后期内容的更新以及推广技巧的使用。用户不要注册好了一个微博后就放在那里当摆设，不去更新它。这样是不行的，因为根本没有发挥它的价值。但是，一天发几十条甚至几百条也是没必要的，这样只会让你的粉丝厌烦。对用户来说，每天平均发二十几条就差不多了。重点是，运营者发布的内容一定要有吸引力。

内容新颖的微博借助粉丝的转发可以让更多的人来关注你，这样就更容易"吸粉"。"papi 酱"之所以能成为网络红人，最根本的就在于她发布的每一条微博的内容，对粉丝来说，都具有很强的吸引力。如图 5-4 所示为"papi 酱"的微博界面。

微博所更新的内容应该是粉丝感兴趣的、有创意的内容，这样粉丝的忠诚度才会不断提高。微博内容的推广也是有很多技巧的，这里总结出以下几点。

(1) 坚持原创且适当地进行转发。
(2) 增加发布次数，提高微博活跃度。
(3) 图文并茂，在图片上打上水印便于宣传。
(4) 重视直播报道和现场直播。
(5) 多发布与粉丝生活息息相关的内容。

图 5-4

5.2.3 标签设置技巧

微博个人标签不但要能够让用户快速找到你,而且也要体现自身的产品或品牌。在设置时,尽可能用 10 个词的形式展现,如图 5-5 所示。

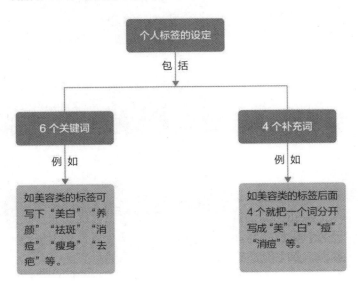

图 5-5

> **智慧锦囊**
>
> 微博的标签设置之所以用 10 个词的形式来展现，目的就是让用户能够更快更好地搜索到你。由此可见，微博标签词的匹配度与用户对微博的搜索及曝光的概率是成正比的。

当然，微博个人标签设置也是有一定规则的，用户不能盲目地设置个人签名，否则，不仅取得的效果不佳，甚至还会阻碍微博的营销。

那么，微博个人标签设置有哪些规则呢？下面对微博个人标签的设置规则进行图解分析，如图 5-6 所示。

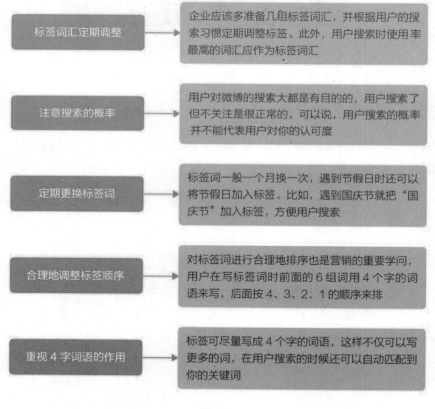

图 5-6

智慧锦囊　微博标签是用户搜索的入口,因此,要想做好微博营销的话,企业或商家必须重视对微博标签的设置。值得注意的是,微博标签还要体现产品或品牌,还要方便用户搜索。

5.2.4 提高粉丝技巧

微博营销是一种基于信任的用户自主传播的营销手段。企业在发布微博营销信息时,只有了解用户的兴趣并且取得用户的信任,才能让用户愿意帮助企业转发、评论信息,进而使信息产生较大的传播效果与营销效果。

微博所处的不同阶段主要体现在微博的粉丝量上。企业要想提高粉丝量的话,首先要对自身微博进行管理,这是因为微博的每个账号最多只能加 2000 个关注。在粉丝还没达到 1000 时,企业就应该诚信互粉;当粉丝到 1000 时,企业就应该开始清理关注的人了,即把那些粉丝量少的清理掉。企业在清理粉丝之后,可以开始对微博进行定位,并且每天要有计划地发布内容。就发布的内容来说,企业应该多发布一些原创的、有趣的、高质量的内容,不要发布一些没用的。只要这样坚持下去,粉丝量就会不断增长。当然,要想进一步提高粉丝量,还应该掌握以下几点技巧。

(1) 坚持原创。多发布一些原创的微博,以吸引更多志同道合的粉丝关注。
(2) 保持更新微博。多发布一些有内容的信息,不要半途而废。
(3) 多组织活动吸引更多的粉丝加入,从而提升微博的传播力。
(4) 多与粉丝进行互动。积极@别人并对其进行回复、转发、评论、点赞等。
(5) 积极向知名微博投稿,利用微博积极推广自己。

5.2.5 互动营销技巧

微博互动营销最重要的一点就是与别人互动,当有人点评微博后要及时回复。还可以利用微博举办抽奖促销的活动,设置抽奖条件,如转发评论等方式,进而增加与粉丝的互动。如图 5-7 所示为央视新闻在微博上发布的抽奖活动信息。

企业或商家只要不断地和粉丝互动,对粉丝发布的微博经常进行转发、评论,让粉丝感受到自己的诚意,就可以获得粉丝的信任。获得粉丝的信任是企业或商家进行微博营销的第一步。与粉丝建立亲密的关系后,粉丝才能自愿转发相关的营销信息。

图 5-7

5.2.6 品牌营销技巧

在微博平台里,企业可以对用户进行实时跟踪,从而快速地了解到用户在对企业产品或服务发出的质疑或请求帮助等信息。企业还可以通过微博来回复用户的信息,以解决用户的问题,避免用户因为不满而大规模地在网络上传播负面信息。微博这个服务平台能快速地解决用户的问题,有效地提高客户的满意度,并实现品牌真诚度的累积。

例如,著名餐饮品牌海底捞就利用微博快速地了解到了用户的反馈信息,并通过即时回复,解决了用户的问题,如图 5-8 所示。

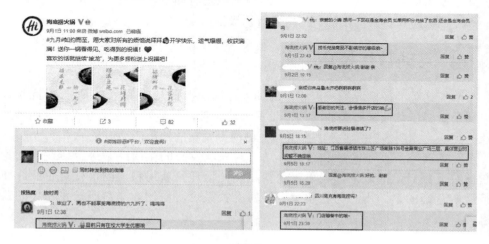

图 5-8

5.2.7 硬广告技巧

硬广告是生活中最常见的一种营销方式，指的是人们在报纸、杂志、电视、广播、网络等媒体上看到或者听到的那些为宣传产品而制作出来的纯广告。

从现实来看，微博用户一般对各种硬广告大都有排斥心理，因此，在发布广告时，要尽可能地将硬广告软化，文字内容不要太直接，要学会将广告信息巧妙地设置在那些比较吸引人的软文里。只有这样，对用户才有吸引力。企业或商家发布的广告信息能够让用户产生转发的欲望，这才是微博广告营销的王道。微博中的硬广告传播速度非常快，涉及范围也比较广泛，最常见的就是图文结合的方式，也尝尝伴有视频或链接。下面详细对微博广告的特征进行图解分析，如图 5-9 所示。

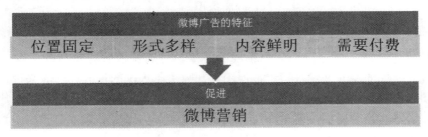

图 5-9

企业在发布微博硬广告时，最常见的、最直接有效的方式就是图文结合。除此之外，企业在优化关键词的时候，也应该多利用那些热门的关键词，或者是那些容易被搜索到的词条，只有这样才能够增加用户的搜索率。

5.2.8 话题营销技巧

在微博上，一些企业或个人为了达到更好的营销效果，常常会制造一些话题出来，以引起更多人的关注，制造话题是微博营销中最常用的一种手段，一个好话题往往能引发更多人的关注和讨论，在新浪微博上发起话题的时候，都是以#号标记开头，并以#号标记结尾，这些话题有的有社会价值，有的有娱乐价值，有的就是纯粹的调侃。

在微博中，关注你的人越多，你在微博中所发布的言论就越具有号召力，你的微博传播的范围就越广，世界正进入一个"关注率经济时代"。那么如何提升自己微博话题的关注度，让自己的话题从成千上万的议论中脱颖而出呢？下面详细讲解一些如何提升微博话题关注度的方法与技巧。

1. 短小的语言暗藏玄机

微博中的话题有一个很显著的特点就是要有话题性，不但要有深厚的文字功底，还要有足够的讨论空间。例如在新浪微博热门话题中有过这样一个话题"#大不了回家开个店#"，参与这个话题讨论的人数众多，每个人的发言也是五花八门，如图 5-10 所示。

图 5-10

2. 在微博上巧妙地使用图片

很多人在微博上参与讨论某个话题的时候，总会在发表言论的同时配上一些图片，有时候，他的发言并没有特色，但图片却吸引了大家的目光。一般来说，某条博文配了图片，那这条微博更容易吸引大家读下去。如图 5-11 所示为配了图片参与话题讨论的微博。长此以往，如果你在参与话题或平时的微博写作上，能够做到每一条言论都能配上生动的图片，那你的微博关注率一定会迅速提升。

图 5-11

3. 巧妙在微博上使用表情

在加入某一话题的讨论时，为了能在众人中脱颖而出，除了使用图片之外，还可以使用表情，比如新浪微博中就设计了精巧的表情。如果你在发言的时候，把表情插入其中，会让你说的话显得活泼不少，当其他用户看到你这些有意思的表情时，可能会有兴趣仔细浏览你的微博，当你的微博用表情使越来越多的人产生兴趣时，那你微博中的粉丝数量自然会迅速增加。如图 5-12 所示为加入话题讨论时，使用表情的微博。

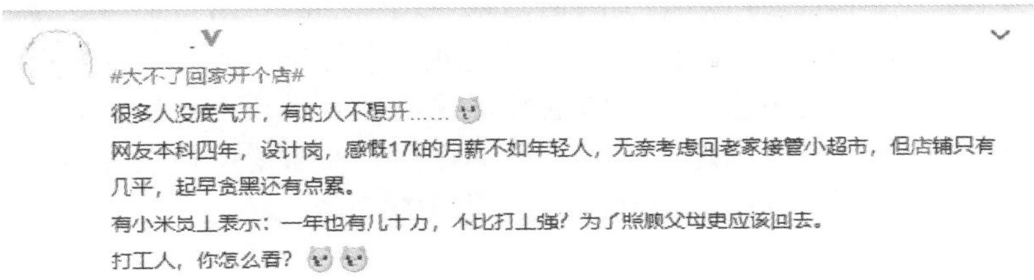

图 5-12

在加入到微博话题的讨论中时，以上 3 种方法能够让运营者的微博特点更突出，吸引更多人的注意力，总之，一个好的微博话题不但能够快速聚拢粉丝，还能吸引大家的参与热情，最终收到不错的营销效果。

话题营销是企业在进行微博营销时采用的主要方式之一。企业在进行话题营销时一定要注意选择正确的话题，只有将品牌和产品的实际情况准确地融入到正确的话题之中，才能够取得话题营销的成功；否则，只会让营销内容显得格格不入，既不能达到营销的目的，也不能让微博用户信服，这样，微博营销也就变得毫无意义了。

5.3 微博运营的常见误区

比起钻研成功案例，研究失败案例更能让微博运营者学到东西。如果我们能避开微博运营的一些常见误区，就算不能一飞冲天，至少也能保持不败的局面。本节将对微博运营危害最大的 5 个误区进行详细介绍。

5.3.1 营销信息展示碎片化

一切新媒体工具都有其长处，也有其短处。使用微博的用户都会注意到，微博平台上的戾气越来越重，任何一个细微的分歧都有可能引起群体混战。而在其他新媒体平台上，人们的情绪化指数相对低一些。这是因为微博上的信息呈碎片化，非会员用户只能发 140 个字的内容，会员用户才能发几千个字符的内容。假如不以长微博或长图片形式来发言，我们只能用短平快的话语来表达自己的心情，而无法像在博客上打字那样字斟句酌、深思熟虑。这导致运营者发布的信息不完整，容易被用户断章取义。

微博上的产品推荐大多也是短平快的碎片化信息。运营者可以像聊天一样和用户进行互动讲解，但不可能做到逐一回复所有的提问。而微博用户往往懒得自己去搜索运营者已经发过的信息，总是希望别人给出现成的答案。运营者在重复回答的过程中会越来越恼火，工作积极性会被挫伤。

那么该如何解决这一问题？以下为应对策略。
(1) 利用"一图流"的表现形式来宣传完整的营销信息。
(2) 用视频教程等可视化手段来全面展示产品信息。
(3) 当用户发生断章取义式误解时，及时进行"科普"。
(4) 短平快内容与深度内容交替展示。

5.3.2 将微博平台作为唯一的营销渠道

营销活动法无定法，不拘泥于单一的渠道。新媒体时代的营销更不该局限于单个渠道，将微博平台视为唯一的宣传阵地。微博的信息传递速度快，影响范围广，但不玩微博只逛淘宝的网友并不会了解到微博上的消息，除非有人特意转发给他们。假如运营者只使用微博这一单一渠道，营销信息就无法传递给非微博用户。那些被忽视的大量潜在客户很可能被其他同行竞争者挖走。其应对策略如下。
(1) 使用第三方登录方式在其他网络平台上传播微博内容。
(2) 与其他网络平台联合举办线上活动。
(3) 在其他网络平台上发布带有微博网址链接的图片。

5.3.3 对微博发布内容漫不经心

很多运营者看着自媒体用一两句话就能引发粉丝狂欢，于是把微博平台变成了聊天平台，天天与用户互动，但不太在乎发布内容的质量。应该说，会聊天是新媒体运营者的一项重要技能，但需要明白的是，和用户聊天是一回事，能满足用户对优质内容的需求是另一回事。用户并不缺少能聊天的朋友，而且他们的朋友比你更懂得怎样哄他们开心。运营者在微博上发布的优质内容才是核心竞争力。

微博发布内容不贵多而贵精，最重要的是内容。微博用户习惯碎片化阅读，喜欢短平快的微创意，喜欢能引发同理心的东西。微博运营者必须用心写出受大家欢迎的东西，这样才能真正获得"真爱粉"。

其应对策略如下。

(1) 运营者发微博前想一个有趣、好玩的创意来带动用户的互动热情。

(2) 运营者尽可能在帖子里把所有的信息都表达清楚，不要缺漏重要信息，以免让大众产生误解。

(3) 运营者要注意标点符号和修辞手法的合理运用，不要把帖子写得像文盲写的一样。

(4) 运营者发帖的语气不可过于生硬，以免招致大众的反感。

5.3.4 认为每天发帖就算完成运营任务

这种观念在不少兼职运营者中非常流行。他们对新媒体营销工作缺乏足够的热情，不会像使用自媒体那样思路活跃，而只是在机械地完成团队规定的每日发帖指标。事实上，每天发帖并不意味着这个新媒体平台足够活跃。运营者每天发几张自拍，转一段"岁月静好"之类的心灵励志话语，只不过是在完成发帖任务，但这些帖子显然与需要推广的产品或服务毫无瓜葛。

每天发帖自然是微博运营者必不可少的基础工作，但发帖之后的配套行动同样重要。当网友转发或评论了你的最新微博时，你应该选择一些精彩的评论进行互动，把气氛活跃起来。新媒体重视流量，而这种做法无益于增加流量。假如发完帖后万事不管，网友们的讨论兴趣就会直线下滑。运营者不可对此荒疏懈怠。

其应对策略如下。

(1) 围绕关键话题反复与网友进行互动。

(2) 当发出的帖子无人问津时，运营者要主动讨论，以引起大家的注意力。

(3) 对网友的精彩评论要转发出来予以表扬，让彼此都能增加点击量。

(4) 微博运营团队成员应该安排好不同时段的分工，以确保平台能全天候活跃。

5.3.5 片面追求流量，而不顾实际的宣传效果

这是微博运营中一个极其严重的误区。不少运营者怀着"一切向流量看齐"的观念来运作新媒体平台，不问过程和手段，只求表面数据好看。就实而论，许多新媒体运营团队的考核标准就是由转发数、评论数、点赞数以及粉丝增长数等构成的流量数据。虽然大数据思维对微博运营很重要，但是只管流量而不顾其他是个严重的错误。

在微博的生态环境中，"僵尸"号、抽奖专业户、"水军"账号大量存在。比如，新浪微博的许多会员每天都会收获数量不等的"僵尸"号，粗心的用户还以为自己一夜之间多了一大堆粉丝，其实真正的粉丝没几个。

此外，有些签约自媒体为了达到每月上百万的流量，故意发一些挑事的内容，引

发微博平台上的群体骂战。这种以煽动对立情绪为核心的手段虽然能在短时间内赚取惊人的流量，而且比正面的优质内容更容易成为热门话题，但是这无助于提高微博内容的质量，并且会加重微博平台的戾气，是一种竭泽而渔的伎俩。

其应对策略如下。

(1) 以提高真正粉丝率为目标，不要只看表面的粉丝数。
(2) 定期清理"僵尸粉"和"水军"号。
(3) 不要用故意挑事的方式制造网络群体分裂，小心事态失去控制。
(4) 通过"@某人"或其他积极的方式来争取更多的粉丝。
(5) 提高发帖的质量与评论水平，让微博的品牌形象与推广信息真正发扬光大。

微博运营者不应该产生"微博万能论"的错误观念。微博固然是新媒体平台中的佼佼者，但远远不能独霸天下，依然有渗透不到的传播死角。新媒体的精神是更畅通无阻的信息共享，传播死角的存在意味着运营者将失去很多潜在的机遇，也许其中隐藏着新的"黑天鹅"和未来的"独角兽公司"。

5.4 "百万蓝 V 微博总教头"——海尔官方微博

海尔官方微博在不断追逐热点的过程中塑造了一个专业、热情、诙谐、平易近人的人格形象。普通网友将其视为朋友，就连其他企业官博也经常与之称兄道弟。正因如此，海尔官方微博才能成为众人眼中的"百万官博总教头"，并以这个绰号行走于新媒体江湖。本节将以海尔官方微博为例来详细介绍微博运营的成功案例。

在官方微博的圈子中，有这么一个独特的官方微博，它有事没事就跑出来卖萌、装乖，偶尔还出来调戏明星，有时候又故作一本正经的样子的一对兄弟，它就是海尔官微，练就了百万级别的粉丝量，可谓是微博界夹杂着一股"泥石流"和"小清新"口味的殿堂级高手。

某明星公开恋情，海尔机智的回复又成功地把他送上了头条和热搜，海尔带领众品牌官博画风全跑偏了，紧接着，上百个蓝 V 纷纷操心起来，卖萌开车写段子。慢慢地，在微博的江湖中，流传起来"百万官微总教头"名号，如图 5-13 所示。

晒日常，与粉丝亲切互动，如图 5-14 所示。

图 5-13

图 5-14

看完以上内容简直大开眼界，那么接下来将通过 4 个阶段来剖析海尔的新媒体部门是如何一步一步将海尔的官微打造成为"总教头"的形象，从而奠定了自己的江湖地位，同时对从事新媒体运营人员有哪些启发。

第一阶段，2010 年，海尔官微开始运营，但在 2015 年之前都是交由第三方运营，粉丝已有 150 多万，由于存在大量的僵尸粉，海尔集团官方下定决心，将粉丝数从 150 多万砍到了 6 万。

第二阶段，建立了海尔君/海尔菌这个形象，开始人格化运营，企业官微成为一个有着独立性格以及爱说段子的博主，在这期间，完成粉丝数 6 万到 14 万的转变。

第三阶段，通过用户交互，诞生了"冷宫"冰箱，后来和"仙剑奇侠传""古剑奇谭"等推出电器定制概念图，通过新媒体交互出产品，发挥企业新媒体的发动机作用,企业新媒体开始收集用户意见倒逼产业生产。

第四阶段,根据用户的需求,通过新媒体交互出产品,交给工厂进行批量化生产,然后再在线上售卖,新媒体不再是企业传统的职能部门,也开始创业,同时海尔新媒体也面向全球开放业务。

同时根据海尔新媒体总监沈方俊在接受有关媒体采访时表示,海尔新媒体运营达成的斐然成绩,原因主要有以下 3 点。

- 一是海尔平台主敢放权。
- 二是领导不干预。
- 三是海尔小编会折腾。

对于运营新媒体,沈方俊还表示,第一,运营官微就像谈恋爱。第二,高层肯放权,中层不干预,编辑敢折腾。第三,千万别把官微运营想象成一件要死要活的事情,每一个标点符号都当作是官方声明。谨小慎微是好事,但时时刻刻如履薄冰没必要。官微运营就像做人,做人的原则就是官微的底线,开口说话,自然表达就好。

百万蓝 V 微博总教头"海尔君"是怎样炼成的呢?在互联网信息不断爆炸更新的今天,把握受众,开放共享,寻求跨界合作,IP 联动已经成为新媒体发展的一种必然趋势,海尔也正是顺应了这种趋势。

微博兴起之后,各大品牌便杀入这个领域,纷纷建立各自的官方微博。怎奈没人回应,开设半年才数十粉丝,更不用谈营销影响力。如何做好企业官方微博,自然成为一个值得研究的营销课题。从海尔成功的微博运营之路中,我们可以总结出以下几点微博运营经验。

1. 海尔品牌:提供先天优势

对于新媒体运营者来说,一个有着先天品牌优势的新媒体账号,相较于一个纯自媒体账号而言,起点其实更高。这就好比影视圈那些"星二代"一样,一出生就自带光环,能吸引更多的关注度。同时《海尔品牌》30 年来积攒的上亿多文字素材库,为各新媒体账号提供了充足的内容素材,这是海尔官微非常珍贵的资料库。

2. 把握受众,开放共享

从海尔官微可以得出的结论是,海尔正借助于新媒体的传播和互联网技术,打造开放共享的生态圈。官微人性化表达就是品牌拟人化,企业可以根据行业的特点增加一些行业热点关注与评论,同时还可以与网友互动,形成情感上的共鸣与认同。

在微博圈,每个受众既是信息的接受者,同样也是信息的传播者。海尔利用官微和读者进行有效互动,拉近了与读者的距离,其传播的效果是显而易见的。

3. 合理定位,形成个性

官微定位,一定要基于企业的产品特质和企业文化建构自己的"微博个性",而微博的个性构建，可以坚持"鲜活、生动、有趣"的网络原则。如果官微每天发布100个帖子，而每一个帖子都是拷贝、枯燥、没有营养的，那么这个官微是失败的。同时，还可以学会网络语言的创作，利用视频、动画来表达内容。在互联网文化营销时代，网络用语的传播也显得十分重要。

一方面，微博内容的个性化传播让读者共同参与讨论，读者的参与感更加强烈；另一方面又可以获得影响他人的快感。

4. 跨界合作，借势生长

微博并不是单纯的广告平台，而是连接品牌与粉丝的工具。以微博为代表的社交媒体能够帮助企业寻找早期乐意使用并反馈的新品拥有者，发挥微博粉丝积累和明星意见领袖的传播效力，将有助于企业跨越发展鸿沟，通过裂变式传播能引爆新品声量并拉动销售。正如海尔集团通过新媒体交互出产品，发挥企业新媒体的发动机作用，企业新媒体开始收集用户意见倒逼产业生产。

拥有一定数量的活跃粉丝后，企业就可以选择合理的方式对粉丝形成刺激，实现社会化资产的变现。为了回馈粉丝，企业可以打造属于粉丝的独家产品，增加专属活动的参与感。

在互联网上与其他企业官微联动，一个话题的讨论总能引入其他企业官微的联动，由此产生共赢效益，讨论的粉丝数、辐射的范围也更加广泛。

除此之外，海尔官微还通过明星的"名人效应"来吸粉，通过话题的预设、活动抽奖转发等活动来引来网友的关注、讨论。利用预设的话题进行投票，吸引网友参与，博得眼球等。如图5-15所示为海尔官微利用自己的预设话题让粉丝参与留言讨论，并给予一定的奖励。

图 5-15

5. 紧跟热点，量体裁衣

携手上百个"蓝 V 官方微博"为某明星恋情操碎心的海尔官微紧紧抓住网络热点事件，通过引入热点话题的讨论，加上粉丝裙带关系，大大地增加了粉丝的关注度和参与度。在紧跟热点方面，企业还应当注意要与自身产品的性能相结合。

第 6 章　微信运营与推广

　　微信是移动互联网浪潮中最闪耀的明星之一。它不仅以便捷的支付功能改变了很多人的消费习惯，而且让社交媒体走向了深度社交阶段。与其他互联网平台不同，微信朋友圈往往是线上线下一体化的，形成了一个天然的价值传播闭环。本章主要介绍微信运营与推广方面的知识与技巧，为深入学习新媒体运营与推广知识奠定基础。

6.1 认识微信营销

本节导读　现如今，人们使用微信越来越频繁，从聊天到创业赚钱，微信逐渐融入到了人们的生活中，成为生活中不可或缺的一部分。毫无疑问，微信营销已经成为各大企业或商家进行营销推广的重要方式之一。本节将详细介绍微信营销的一些基础知识。

6.1.1 什么是微信营销

微信营销是伴随着微信的火热产生的一种网络营销方式，微信不存在距离的限制，用户注册微信后，可与周围同样注册的"朋友"形成一种联系，用户订阅自己所需的信息，商家通过提供用户需要的信息，达到推广自己的产品的目的的点对点的营销方式。所以企业微信营销就是指企业利用微信平台，通过向用户传递有价值的信息而最终实现企业品牌力强化或产品、服务销量增长的一种营销策略。

微信营销，顾名思义，是借助微信即时通信软件工具来进行商品的推广和销售，那么微信营销具体是怎么展开的呢？首先，微信这一社交软件可以添加好友，不断地添加不同的人群，就可以有商品推广和营销的对象；其次，微信在过去几年里不断革新和发展，如今已经有了图片、语言以及视频等多种传播形式，商品可以通过几种不同的表现形式来推广给各类用户群体；最后展开交易，通过云端进行商品的邮寄和金额的支付。由此看来，微信营销省去了很多烦琐的流程，并且增加了商品的曝光度，大大地提高了商家自身的营销水平。

6.1.2 微信营销的特点

企业或商家利用微信平台向用户推广自己的产品或服务信息，进而实现产品的营销推广。下面对微信营销的特点进行图解分析，如图6-1所示。

1. 针对性强

针对性强是新媒体时代背景下微信营销一个显著的特点，因为大部分商家在营销初期都会建立一些相关的公众号，并且定位较为明确，例如"豆哥美食"，顾名思义，是一个推送美食的公众号，这类公众号大多会在推送的文章末尾附上一些美味菜肴中必备的食材链接，而心动的用户就可以点击链接进入到商家的店铺中进行购买，顺便还可以看看其他一些相关的食材商品，明码标价并且有着详细的图文，这会让用户产生较好的购买体验,进而关注这些公众号,定期进行推文信息的观看和浏览,如此,商家便轻而易举地就收获了一批忠实的粉丝。

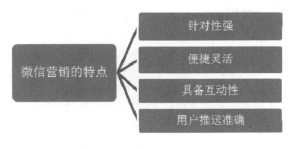

图 6-1

2. 便捷灵活

便捷灵活,主要是就微信的营销方式而言的,在新媒体时代背景下,要想下载一个软件是轻而易举的,但是要想让用户产生深深的依赖感,并不是每一个软件都可以做到的。调查表明,在众多软件中,认可度和呼声最高的就是微信这一社交软件了,原因有很多,例如可以随时随地编辑心情发送朋友圈,也可以展开群组进行多人对话,有利于用户产生零距离互动的体验感。将微信下载到移动手机客户端,随时随地可以打开界面进行商品的浏览和搜索,在这样的便捷条件下,商家的销售机会自然而然会增加,消费者可以选择的商品也灵活多样,便于满足内心的各类需求。

3. 具备互动性

在没有微信营销前,大家在阿里旗下的淘宝购买商品,而淘宝之所以备受大家的欢迎,一方面是因为商户较多、商品齐全;另一方面是有一些运费险或者七天无理由退货等购买规则和权益,加之店铺客服的贴心服务,大家可以放心地进行购买。微信营销或多或少也学习了淘宝,创设了公众号,便于用户在公众号的推文下进行留言,商户再进行回复,你来我往的互动形式在无形中拉近了卖家与买家间的关系。最重要的是,很多消费者可以在下方留言,商家在后台看到汇总消息时,就可以大致了解消费者的想法,并认真分析他们提出的一些问题以及需求,结合自己商铺商品的实际营销情况进行调整。由此可见,这种营销方式密切了商家与消费者的关系,便于商家更好地了解用户群体的需求,增加自己营销的商品种类,并优化一些相关的营销手段。

4. 用户推送准确

微信营销具有用户推送准确性的特点是有迹可循的,因为互联网的快速发展,电子信息技术可以快速地对大数据信息进行分类、汇总,商户在短时间内就可以得到用户群体的相关信息,如他们的年龄、职业以及日常爱好和他们经常搜索和浏览到的信息。当然,这些信息要建立在用户授权的基础上,而用户在浏览一些页面时,会自动获取他们的手机号等信息,如果用户同意,即可授权,所以通常不存在刻意泄露或窥探隐私的情况。并且,微信营销区别于线下实体店营销的一点,是推送规律,通常是利用公众号进行定期推送,并且有针对性地推送到微信客户这边,反观线下销售,会存在无序性,不利于营销水平的提高。

6.1.3 微信营销的基本原则

微信营销的基本原则可以从 5 个 C 出发:分别是贴身客服(Close Service)、客户关怀工具(Care)、语音咨询台(Consulting)、新客户关系发展工具(Client),信息发布平台(Center Information Diffusion),并按顺序逐级减低使用频次,如图 6-2 所示。

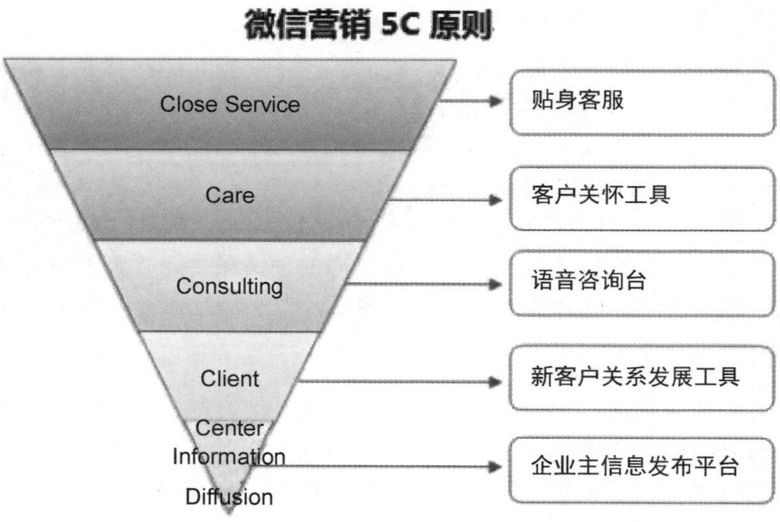

微信营销 5C 原则

- Close Service → 贴身客服
- Care → 客户关怀工具
- Consulting → 语音咨询台
- Client → 新客户关系发展工具
- Center Information Diffusion → 企业主信息发布平台

图 6-2

- 贴身客服(Close Service):手机作为一种随身通信工具,可以随时随地进行微信沟通,成为企业与既有客户 24 小时的即时沟通工具,延伸现有客户服务体系,满足现有客户产品咨询服务,成为被动咨询应答平台。比如微信营销非常成功的小米手机自己开发的微信后台将留言中的一部分自动抓取出来,例如当留言中出现"订单""刷机""快递"等字眼时,这些用户会被系统自动分配给人工客服,小米的微信运营人员会一对一地对其微信用户进行回复。
- 客户关怀工具(Care):微信丰富的表达方式(文字、声音、视频、map、超链接等),可以向客户以友好的方式传递产品使用提示以及客户关怀活动,增加客户黏性。
- 语音咨询台(Consulting)：在客户服务角色以外，面对非既有客户对产品或服务的咨询，可以发挥其自动应答、即时回复等功能，解答潜客问题，完成对零散客户的服务。
- 新客户关系发展工具(Client)：通过微信转发、漂流瓶、摇一摇等功能传递优惠及互动信息，可以建立与微信用户新的关系链，配合二维码、移动互联网广告实现更多新客户的关系链接。
- 企业主信息发布平台(Center Information Diffusion)：可以向客户简短地传递新闻、优惠信息、营销活动等，并结合微信 LBS(Location Based Services)功能引导消费者产生线下行动，以转化潜客为顾客。

6.1.4 微信营销的现状

微信营销的出现，迎合了现代人的消费思想和消费行为，受到众多企业的追捧，造就了许多企业的成功，同时也有部分企业在开展微信营销时存在盲目性，未能取得理想的效果。以微信为切入点，深入分析微信营销的现状，指出其存在的问题，研究分析之后，提出有针对性的改进对策，以其为相关企业微信营销活动的开展给予指导，具有较大的理论价值和实践意义。

1. 微信营销方法单一

针对我国的微信营销情况，营销策略依旧还停留在商品的微信广告、微信的宣传促销上，至于微信的分销、微信调研、新产品开发以及售后服务等项目始终没有人关注，设计者也是屈指可数。正是因为这样，微信营销的巨大优势和潜力没有被开发出来，人们对微信营销的应用还远远不够。

2. 微信营销环境不够完善

微信营销是通过微信环境而运行的，营销商也因此面临着诸多与传统营销策略不同的问题，例如产品质量问题、消费者隐私保护问题以及信息安全问题等，又因为现代社会中的法律环境、政策环境、社会环境以及技术环境的滞后性与不完善，导致微信营销存在重重阻碍。

3. 微信营销分布不均匀

根据调查显示，我国的微信营销分布相当不均匀，真正实现微信营销的营销商不过才占总营销商数量的 2%，而这些采用微信营销的营销商大多分布在上海、北京、广东等发达地区，其他很多地区的营销商依旧采用最原始的营销方法。这使得微信营销的发展变得缓慢，不利于微信营销的进一步发展。

4. 微信营销意识较低

很多营销商对微信营销的意识不强，概念不够清晰，微信竞争意识较低，仍旧把销售的主力放在实体市场上，忽略微信营销这一片销售的沃土。在这个信息化经济时代，营销商想要在市场上占据一席之地，已经并不只是单单地针对实体市场就能应对得了，营销商必须要把眼光放远，发挥微信营销的有利优势。

5. 微信营销专业程度不强

对于现在市场来说，最缺乏的就是具有专业技术的技术型人才，微信营销也是一样。现在的微信营销缺乏专业的技术团队，也缺少适应我国国情的专业销售策略，没有形成健全的微信销售的体系，对营销商的微信营销也存在着一些负面影响。

6.1.5 运营微信的意义

微信是与手机号联系最紧密的新媒体，这使得它成为互联网时代识别个人身份的一个重要标志。普通用户利用微信来记录生活、支付账单，商家则借此开展精准营销。任何轻视微信平台的新媒体运营者，都会损失一个重要的营销宣传渠道。总体来看，运营微信有以下 6 个意义，如图 6-3 所示。

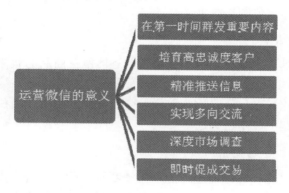

图 6-3

1. 在第一时间群发重要内容

运营者在官方微博上发送的信息会被很多人看到，但总有一些老朋友会遗漏。如果是在微信上发，就不用担心朋友们看不到了。即使他们没参与微信群对话，群发功能也可以自动完成信息推送，个个通知到位。

2. 培育忠诚度高的客户

微信操作简单、功能齐全，与移动互联网浑然一体。即使是不擅长使用高科技的中老年人，也非常喜欢使用微信。很多人的微信群几乎就是手机通讯录的翻版。微博属于"半熟人社交"，而微信则堪称真正的"熟人社交"。这使得微信成为商家培育忠诚度高的客户的天然利器。

3. 精准推送信息

用户关注企业微信公众号的主要目的是了解企业产品的最新动向。也就是说，他们需要的是专业、可靠、准确而有价值的信息。这些信息最好能给出令人信服的数据和一眼就能看明白的结论，以省去用户自己查阅其他资料的工夫。微信可以精准地给每一位用户推送信息，让他们在第一时间了解情况。

4. 实现多向交流

微信的开放性不像微博那么强，和 QQ 群一样比较封闭。尽管如此，微信并不只是双向交流工具，而是可以实现多向交流的工具。微信为每个用户(包括商家用户)自动生成的二维码大大扩宽了营销、宣传、支付渠道。无论你把二维码放在微博签名档上，还是打印出来贴在墙上，都会有人用微信的"扫一扫"功能主动关注你的公众号或者向你转账。

5. 深度市场调查

由于人们使用移动互联网的平均时间超过了传统的 PC 互联网，因此微信平台能采集到惊人的用户数据。利用微信完成深度市场调查，也是新体运营者的一个重要任务。运营者一方面可以对用户数据进行大数据分析，另一方面还可以选择活跃用户，与之深入交流，这样双管齐下，就能充分掌握市场需求的变化。

6. 即时促成交易

微信出色的支付功能使得人们越来越不喜欢在身上带大量现金了。用微信直接转账或者以微信红包的形式转账，只需要十几秒就能轻松搞定。有的消费者可能会因为支付方式不够方便而降低消费欲望，假如能一口气完成交易，他们的消费热情就会提高。微信在这方面有很大的优势，应当充分利用。

总之，微信运营是新媒体营销体系中的一大支柱，有着不同于微博运营的优点。运营团队应当把微信和微博两个营销平台结合起来，最大限度地扩散自己的品牌影响力。

微信与手机号挂钩，又具备在线支付功能，其易操作性也满足了中老年人的需求。哪怕不被用于做营销活动，它也是你与亲朋好友维持"强社交关系"的最佳新媒体平台。忽视微信的新媒体运营者就和忽视微博的人一样缺乏长远目光，搁置了一个广阔的发展空间。

6.2 微信推广运营的方法

本节导读 微信可以在线圈定不同的人群，也能获得不同的粉丝群；还能不定时地在线群发获得更多的资源信息量与顾客群，潜在的维护与传递信息，加大品牌效应与口碑回馈等。企业想要做好微信营销，就要掌握微信推广运营的方法。本节将详细介绍微信推广运营的相关知识。

6.2.1 微信公众号做好内容定位

运营者推送微信公众号内容时，主要进行的就是内容营销，所以，向用户推送的内容才是重点。对于企业来说，做好内容定位是必不可少的。

运营者在进行内容定位时，必须精耕细作，无价值的内容、纯粹的广告推送，往往会引起用户的反感。内容的形成，建立在满足用户需求的基础之上，包括休闲娱乐需求、生活服务类的应用需求、解决用户问题的实用需求等。企业希望推送的信息和用户想要的信息，应高度尊重订阅用户的意愿。微信公众号需要推送的内容一定是高质量的原创或者转载率高的内容。否则，拥有再多的粉丝，没有阅读量也是没有意义的。

6.2.2 微信尽快完成认证

微信号在通过认证之后才有搜索中文的特权，因此企业在开通微信公众号之后，一定要尽快完成认证。相对来说，微信实现认证的门槛是比较低的，只要有 500 名订阅用户即可。

微信认证最大的好处就是，用户在微信的添加好友中直接搜索中文，就可以搜索到自己想要的微信公众号，甚至用户不用将全名输入出来就可以搜索到。对于那些确实没办法及时认证的用户来说，最好选择一个容易记忆的微信 ID，或者用 6 位数以内的 QQ 号码来申请微信公众号。

6.2.3 灵活利用所有线上线下推广渠道

很多人不曾了解，早期的时候，那些微信的草根运营者拥有几十万订阅用户的微信公众号大多是来自于社交平台的推广，比如人人网、微博等。

其实微信公众号的线下推广也尤为重要,例如某营销专家通过各地的社会化媒体营销的活动宣讲,给自身运营的微信公众号带来了不小的微信关注度。所以对于有实力的微信爱好者来说,可以通过在自身的营销会议中植入宣传,获得更多粉丝的关注。

6.2.4 搭建自定义回复接口

微信公众平台的自定义回复接口的作用可以说超乎我们的想象,不同类型的微信公众号可以通过这个回复接口设置不同的内容。

例如,像旅游这样的微信公众号,通过发送"攻略"关键词就可以返回预设的旅游攻略,同理可查天气、查列车、查景点。据了解,有很多用户通过这些功能来和微信公众号大量互动,并提出不少宝贵的修改意见,逐步丰富服务内容。

总之,搭建自定义回复接口是微信运营者理应学会的一项技能。它不仅使微信公众平台的形式更加多样化,也为用户提供了更多的方便。

6.2.5 策划大量有奖互动活动

作为微信公众平台的运营者,一定要进行策划大量的有奖互动活动。这是增强与粉丝互动、提高平台活跃度的最有效的方法。

微信公众号的运营一定要为用户带来一定的价值或利益,这样才能吸引更多的用户。策划有奖互动活动,不仅可以提高与粉丝的互动、提高平台的活跃度,而且还可以让更多的用户参与其中,从而提升整个账号的价值,让更多人看到你、关注你。

6.3 微信营销策略

本节导读 微信营销是利用互联网技术进行的伴随着微信的火热而兴起的一种网络营销方式,具有高速度、广泛性的特点,随着科技的发展,微信营销已渐渐被人们所接受。利用微信与好友互动拉近了人与人之间的关系。本节将详细介绍新媒体时代下的微信营销具体策略。

6.3.1 树立良好口碑

在信息化快速发展的今天,一个品牌的好与坏,会被大家迅速地看到并了解,所以企业要想提高自己的营销成效,首先要做的就是树立一个良好的品牌并赢得较好的口碑。常言道："好事不出门,坏事传千里。"大家对好的品牌是认可的,但是对不讲良心、无信用的品牌是唾弃的,尤其是在经济水平快速提高,广大居民群众物质需求日益增长的当下,商品的口碑是大家非常看重的。

商户可以借助微信这一免费的营销渠道,来树立自己良好的口碑,而树立品牌和口碑的方式很简单。例如在朋友圈发布一些已购买者的评价,让想要购买的群体及时了解到更多的信息,来决定自己是否要购买。千万不要小看这些评价,对将要购买的用户的影响是很大的。除此之外,还可以在公众号上发布推文,鼓励大家来评论,对营销商品的好与坏做一个中肯的评价,这样可以看到的群体的数量和规模也随之扩大了,增加了营销的范围,充分发挥了线上营销的优势。

6.3.2　打破文字营销的束缚

商家要想扩大商品的影响力,应当积极地利用图片和视频等形式,因为枯燥的文字不仅不能吸引用户的兴趣,还有可能造成他们的视觉疲劳,因此,商家要学会几种形式进行混合搭配,丰富营销的手段,从视觉、听觉等多方面带给消费者最直观的感受,从而激发他们的兴趣,发自内心地想要去了解这些商品并进行选购。需要特别注意的是,商家需要结合商品的实际情况进行图片、视频等形式的营销,最大程度地发挥商品的个性化特点。

运用视频、图片营销策略开展微信营销,为特定的潜在客户提供个性化、差异化服务,将企业产品、服务的信息传送到潜在客户的大脑中,为企业赢得竞争的优势,打造出优质的品牌服务。让我们的微信营销更加"可口化、可乐化、软性化",更加吸引消费者的眼球。

6.3.3　丰富营销内容、合理推送频率

微信营销并非是孤军奋战,而是要与其他营销渠道、其他媒体取长补短、相互协调配合,才能逐渐丰富营销内容、强化营销功能、拓宽营销渠道,充分发挥微信营销的优势。

丰富内容并进行合理地推送,是一项营销小技巧,过度地营销会使消费者产生一定的消费负担和厌倦心理,而长期缺少推送,会影响产品的影响力,由此可见,把握好推送的频率是关键,把握好推送的时机后,需要认真考虑的就是营销的内容了,因为内容才是决定消费者是否要采购的决定性因素。商家要避免一味地广告推送,那样会引起消费群体的不满,所以要注意好内容的设计。

6.3.4 注重"意见领袖型"营销

企业家、企业的高层管理人员大都是意见领袖,他们的观点对大众言辞有着重大的影响,潜移默化地改变人们的消费观念,影响着人们的消费行为。微信营销可以有效地运用这些意见领袖的影响力和微信自身强大的影响力去刺激需求,激发购买欲望。

6.3.5 利用微信打造企业"一条龙"服务平台

微信事实上还可以成为企业的服务平台、O2O 平台、客户关系管理数据库等。把微信的众多功能结合起来,就能形成一个较为完整的品牌营销与服务链条,甚至打造一种新的商业模式。

比如,当用户在某个地方购物想要吃晚饭时,可以使用微信打开"查看附近的人"这一功能,如果某一饭店在其中醒目显示,再配合该饭店的特色说明和促销活动,如进店扫描二维码获得减免优惠等,这些符合用户口味的话,用户就很有可能选择该家饭店而非其他同类饭店。如果用户在消费后体验很好,可能会再次光临。扫描二维码成为电子会员将显著地帮助增加品牌的用户黏性,饭店可以通过微信平台向该用户推送最新的优惠信息,用户也可以通过微信进行预订、付费、咨询等活动。如果饭店建立起了用户管理数据库,还可以根据用户喜好调整菜单和促销活动。

6.3.6 完善售后服务

微信营销需要从淘宝、京东等比较完善的售后服务体系中汲取营养,利用微信公众号定点信息推送、自助退换货的功能,以及微信直接沟通的便利性、亲切感,构建独具微信营销特色的售后服务体系,解决客户对于维修、退换货等售后服务方面的后顾之忧,才能有效地提升客户满意度,增加客户黏度。

6.4 微信运营的常见误区

本节导读

微信朋友圈是新媒体营销的一个重要战场,但这种营销方式也存在弊端。朋友圈里大多是熟人或相对较熟的人,假如营销举措不当,就容易伤害人际关系。目前,微信营销有五花八门的技法,但尚未形成系统的理论体系。我们的实践或多或少还存在一定的盲目性,需要经过不断地摸索来完善运营。不过,大家只要避开本节介绍的几个常见运营误区,就能降低失败的概率。

6.4.1 只管涨粉而不顾粉丝质量

一个微信群里有几百个粉丝用户,听起来非常有成就感。运营者为了壮大粉丝队伍,每天在新媒体社交平台上搜索,发现兴趣相投或使用自己产品的人就加进群里,这是常规做法。但有的企业一味地增加粉丝的数量,不分良莠一并收入,此举将会让微信群里的成员结构变得复杂,争吵的声音渐渐变多,弄得大部分粉丝用户不胜其烦。久而久之,一个好端端的微信群就变成了嘈杂的菜市场,没法像最初那样正常地讨论营销内容了。

粉丝的素质并不会因为数量扩大而自动提高。一个高素质的优质粉丝远比 10 个低素质的粉丝更有利于维护微信群的健康发展。微信运营要做的是深耕细作的精准营销,质量比数量要重要得多。

其应对策略有以下几点。
(1) 不要增加无价值的"僵尸粉"。
(2) 不要遗漏互动质量较高的活跃粉丝。
(3) 平时注意维护微信群里的秩序,及时踢走惹众怒的劣质粉丝。
(4) 控制好不同粉丝的对话氛围,以免大家伤了和气。

6.4.2 不经常互动,以错误的方式互动

新媒体营销的一大禁忌是不与粉丝进行互动,因为这违背了新媒体与生俱来的社交属性。微信作为典型的新媒体平台,更要注意提高互动水平。如果没有互动,粉丝就不会了解你的产品、服务和文化价值观,也就难以产生信任感。微信运营的目标是把粉丝转化为实实在在的客户,让他们愿意自发地帮助运营者推广营销信息。而没有互动就无法建立情感纽带,谁也不愿意帮你一把。

不少企业使用聊天机器人与粉丝互动。此举固然能让粉丝感到新奇,但并不能取代人与人之间的交流。因为聊天机器人的智能化程度再高也无法涵盖人类的全部思想情感。而这恰恰是构建深度社交关系的基础。那种把一切互动工作丢给聊天机器人的想法会让运营者越来越脱离群众,迟早会让微信群失去活力。

其应对策略如下。
(1) 每天与粉丝保持一定频率的互动交流。
(2) 互动不在于话多,而在于及时回复,产生共鸣。
(3) 真诚是互动的第一要诀,不精不诚不能动人。
(4) 合理地利用聊天机器人,不能过分依赖。

6.4.3 微信订阅号使用不当

微信订阅号能充分反映出运营者的思想深度与内容制作水平。很多微信用户可能不爱聊天，但非常喜欢阅读订阅号的内容。这些"沉默的大多数"实际上对营销信息的推广有很大的贡献，只是他们不说的时候你不知道而已。试想，假如没有订阅号的话，他们天天在微信群里看着别人胡吹海侃时会感到很无聊，然后默默地点下"删除聊天记录并退群"的功能键。

目前，订阅号运营的最大问题就是发布内容的品质不高、粗制滥造。这是由于运营者四处抄袭，导致同质化信息泛滥。这使得用户不仅产生审美疲劳，而且注意力被进一步稀释，很难持续关注深度信息。由此造成的结果是粉丝增长速度慢，订阅号的传播效果非常有限。

其应对策略如下。
(1) 认真撰写订阅号的内容，不要照搬别人的东西，而是要提供原创精品。
(2) 在订阅号上投入足够的精力和资源，从而形成一个与读者群体一体化的品牌。
(3) 订阅号与微信朋友圈进行联动，让两者形成微信账号矩阵，相互配合。

6.4.4 过度推送营销信息

这是微信朋友圈里最尴尬的现象。大家最初建立这个群，主要是因为兴趣爱好(专门的工作群除外)。在社交媒体发达的今天，人们需要一个没有外界干扰的比较封闭的小圈子说悄悄话。朋友圈的建立是基于对好友的信任，其中也包括开展新媒体营销的商家。有些运营者认为，只有提高营销信息的曝光度，才能更好地把朋友圈里的好友转化为老客户。殊不知，这个观念恰恰会在运营者与好友之间制造裂痕。

运营者隔三岔五地发布营销信息，效果就和你看视频节目时经常弹出来的小广告没什么两样。大家开始还能容忍，时间久了就渐渐不耐烦了。在朋友圈里用营销信息刷屏，并不符合新媒体营销的互动原则。与用户互动需要感情上的沟通，建立信任关系，在此基础上才能促成交易。过度推送信息会破坏互信机制，让他们对你冷血无情。

其应对策略如下。
(1) 平时多与朋友圈里的好友联络感情，就像普通朋友一样聊天。
(2) 在沟通中找出他们的需求点，然后激发他们的热情，使他们将你视为可以信赖的专家朋友。
(3) 重点选择其中需求比较大或比较急迫的人进行精准营销，提高用户转化率。

(4) 不要在朋友圈过度刷屏,剥夺别人的发言机会,打扰大家的日常沟通氛围。

6.4.5 胡乱编写内容

营销信息主要包括产品介绍与企业价值观宣传。这些信息只有足够准确和专业,才能令人信服。遗憾的是,不少微信运营者在朋友圈里推送产品信息时忽略了这一点,只是模仿其他微商那种插科打诨的风格来随意编写内容。他们以调侃的语气来吹嘘自己的产品或者贬低别人的产品,却没有把产品的特色、优点讲透。尽管行文花哨、辞藻华丽,但是用户最关心的基本问题没真正讲清楚。没有案例,也没有证据,光凭运营者的一面之词,用户自然不会太信任。

产生这种误区的主要原因是微信运营者急于完成工作内容,而不太在意用户的真实想法。事实上,用户想了解的是产品的方方面面,而不是阅读一篇生动幽默的调侃文章;否则,他们大可以去专门阅读搞笑故事,而没必要从产品说明里寻找笑点。运营者对内容制作的不负责态度,是当前新媒体平台发布内容质量越来越糟的根本原因。

其应对策略如下。
(1) 认真了解客户的需求和想法,在介绍产品时围绕这些东西编写内容。
(2) 把改善用户体验作为一项重要的运营工作要求。
(3) 一旦发现用户的需求痛点就马上组织力量进行改进。
(4) 必要时可以让用户参与到产品的设计过程当中。

6.4.6 让朋友圈成员的注意力更加分散

在新媒体平台中,微信朋友圈有着自己的天然优势。首先,它的信息发布次数不受限制;其次,信息发布成本几乎为零;最后,它可以通过一键式转发来传播信息,操作简单而快捷。微信平台的这些优势使其受到运营者和用户的普遍欢迎,但同时也容易造成过度营销,让大家的注意力更加分散。

由于很多人都喜欢在微信朋友圈里分享自己感兴趣的信息,因此朋友圈里往往会出现社交性转发泛滥的现象。大家被源源不断的新信息分散了注意力,微信营销深耕细作的优势就无从充分发挥。而且此类转发本质上是拿自己的信用给别人做推广,假如推广的信息不实,转发者的信誉就会下降。这对微信运营者来说不是什么好事。

其应对策略如下。
(1) 明确微信朋友圈的基本原则是聚集用户注意力,尽量让他们把关注点放在你这边。
(2) 谨慎地推荐别人的微信号,不要转发过滥,以免无节制地浪费你和其他人的注意力。
(3) 通过激发情绪等方式来吸引大家的注意力。
(4) 集中推广信息，利用主题活动来形成互动闭环。

6.4.7 微信宣传手法单一化

把微信朋友圈当成发布小广告的公告栏是最错误的做法。微信运营者应该明白，朋友圈里最让人信服的是一个人的个人魅力。他们只要认可了你的个人魅力，就愿意接受你推送的营销信息。而单纯地发布产品广告，无法树立运营者的人格形象，个人魅力也就无从谈起了。用户自然也不会信任你，更不会把你作为满足消费需求的主要渠道。

虽然运营者在朋友圈里是以新媒体品牌而不是以个人身份出现的，但这并不意味着他们不能展现自己的个性。新媒体营销需要推广的是运营者的社交形象，而不仅仅是工作形象。单一化的宣传手法远远不能满足用户的需求。因此，运营者可以把单调无趣的产品广告改编成趣味内容或趣味活动，用富有人情味的营销手段来打动对方。

其应对策略如下。
(1) 设计自己的拟人化品牌形象，按照相应的个性风格来与朋友圈里的众人互动。
(2) 舍弃死板的传统广告文案，用故事营销、情感营销等方式来推广产品信息。
(3) 碎片化的互动与完整的内容发布相结合。
(4) 努力成为朋友圈里的社交明星，让大家都喜欢你、信赖你。

6.4.8 盲目开发新的功能

微信的功能越来越丰富多样。不少运营者为了促进营销，不断地开发新的功能，比如微社区、微留言、微投票等。运营者看到别人新推出什么功能，自己就立刻跟风开发同类功能，唯恐落后于人。然而，这恰恰是一种盲目的决策。

并不是所有的微信平台都适合应用某些新功能。微信营销的一大原则是便捷性。用户希望从你这里快速、便利地获得他们想得到的东西。如果微信运营者开发了一大堆功能，那么只会让用户的注意力更加分散。就算用户刚开始时有点新鲜感，时间一长也会觉得大多数新功能用不上，根本就是浪费，于是，辛辛苦苦开发的新功能就失去了意义。

其应对策略如下。
(1) 不要盲目跟风开发新功能，只开发用户真正用得上的新功能。
(2) 坚持选择正确的营销路径，弄清用户需求和自我定位。

(3) 及时收集朋友对产品使用体验的反馈意见，改进其不足之处。

(4) 保持微信平台的精简，去掉用户不感兴趣的新功能。

"逃离朋友圈"已经成为微信用户中的常见现象。微信朋友圈天然的强社交关系会让群里各个用户对其他人产生更深刻的认识，观念分歧会被放大。当运营者发布的内容不合其他群友的胃口时，对方要么用"消息免打扰"屏蔽你，要么先和你吵架再退群。这就很尴尬了。

6.5 刷爆朋友圈的 YSL 星辰口红

2016 年 10 月，YSL 星辰口红突然刷爆了朋友圈。许多女性朋友热烈地讨论星辰口红的相关信息，其中一群人发图展示自己的男朋友送的星辰口红，另一群人则抱怨自己的男朋友不如别人家的男朋友贴心。随着星辰口红的话题越来越热，女孩子们讨论的焦点又拐向了"直男根本分不清口红的差别""直男不解风情"等方向，于是很多男士也纷纷关注星辰口红的情况。本节将分析该案例，来总结微信营销的经验。

YSL 星辰口红是法国奢侈品品牌圣罗兰在 2016 年最新推出的圣诞限量系列产品，一共分为 6 种颜色。一套完整的 YSL 星辰圣诞限量系列全家福包括 6 款方管口红、1 款明彩笔、1 款多功能盘、2 款指甲油和 1 款粉饼。在这一轮营销活动中，全球各地的 YSL 专柜门店几乎全部卖断货，如图 6-4 所示。

图 6-4

女性朋友们在朋友圈里讨论圣诞限量系列星辰口红,不断地扩大话题的内涵和外延,从而将口头讨论转化为实际的消费行动。新媒体的互动性有利于企业制造热点话题。如果能在微信朋友圈里形成一个话题,引起消费者的攀比和模仿心理,就能获得超乎想象的收益。

YSL星辰口红这次新媒体营销充分利用了两点:一是以圣诞节限量款商品的"稀缺性"来激发女性消费者的焦虑感,形成饥饿营销的态势;二是成功地利用了女孩子们对男朋友不理解自己喜欢高档化妆品的抱怨心理,在社交媒体上制造新的热点话题。

比如,"小位奇范问"栏目主编小位在朋友圈里发了男朋友帮买的YSL星辰口红的照片,她的粉丝开玩笑说:"女神,好想问下你们,这种一言不合就送口红,一言不合就发红包的男朋友要到哪里找?结婚的时候民政局会发吗?需要排队吗?这样的男朋友给我来一打!"然后,又有人在评论里出点子说:"叫男朋友送YSL星辰口红,看看他是什么反应。"

于是,很多女网友就纷纷试探自己的男朋友。如果男朋友愿意买,自己就在网上秀个恩爱;如果男朋友不愿意买,就找其他姐妹抱怨男朋友不关心自己。随着越来越多的女性消费者参与YSL星辰口红的话题,原本不了解这款化妆品的男性消费者也产生了强烈的好奇心,想弄清楚这款口红到底有什么魔力,迷住了那么多的女性。而众多网络代购商家也纷纷进货,想借助话题热度来做生意。各方在新媒体上不断互动,让圣诞节限量款YSL星辰口红迅速在互联网上走红。

其实,YSL星辰口红并不是唯一的圣诞节限量款彩妆产品。有些消费者对这股热潮不以为然,向其他人推荐了其他的国际名牌化妆品。但总体来说,其他产品的营销效果不如YSL星辰口红那么突出。

YSL星辰口红的知名度与色彩度与同类高端化妆品相差无几,但它在包装上的设计超出了其他竞争者。星辰口红的外壳管身为星砂材质,用金粉表面做了封层,膏体的侧面也刻有星星图案。这些星星图案设计巧妙,消费者使用口红后也不会消失。华丽的外包装与膏体的可爱图案大大增加了YSL星辰口红给受众的印象分。

除此之外,YSL星辰口红还充分借助了明星效应。热播韩剧《来自星星的你》的女主角全智贤在剧中使用了YSL圣罗兰52号色口红。她的唇妆被称为"星你色",引发无数女性消费者的追捧。我国演员林更新在一个微博视频中说:"原来口红那么便宜,那为什么要说女生败家?"他眼中"这么便宜"的口红是YSL12号色口红。这款口红号称"传说中的斩男色"。看到这个视频的女网友顿时情绪不淡定了。

YSL星辰口红的营销团队非常懂得女性的心理,新媒体营销策略也是站在女性的立场上说话,鼓励所有爱美的女性用更好的化妆品把自己打扮得漂漂亮亮。所以,这款口红才能从众多同类商品中脱颖而出,成为新媒体话题营销的主要道具。同类商品没能搭上这个热门话题的快车,错失了挖掘大量新客户的机遇。

第 7 章　社群运营与实用技巧

社群是移动互联网时代的产物。在移动互联网的作用下，人们进入以价值观和新人为基础构建的新社群时代。企业和个人看到了社群的巨大潜力，都想布局社群，抓住风口。通过本章的学习，读者可以掌握社群运营与实用技巧方面的知识，为深入学习新媒体运营与推广知识奠定基础。

7.1 认识社群运营

本节导读　现如今，社群营销已然成为一种极其火爆的营销方法。它的核心就是企业与用户建立起"朋友"之情，不是为了广告而去打广告，而是以朋友的方式去建立感情。本节将详细介绍一些社群运营的基础知识。

7.1.1 什么是社群运营

目前，就社群的概念来讲，可以说是见仁见智。这里将社群理解为基于互联网社区与移动互联网社交 App 发展起来的以同好而聚集的虚拟社交团体。然而，社群营销指的是企业或商家为满足消费者需求利用微博、微信的各种群、社区等推销自身的产品或服务，而产生的一种商业形态。图 7-1 所示为社群营销商业形态。它的主要特点是基于相同或相似的兴趣爱好。

图 7-1

企业和消费者之间早已不再是卖方与买方的关系了。消费者对产品的要求不再局限于产品功能本身，也开始注重产品所具有的口碑、形象，甚至文化魅力。企业只有在这些方面做得好，才能更好地赢得消费者的信任。

企业让更多的消费者对品牌产生信任之后，就可以让更多有着共同兴趣爱好、认知、价值观的用户组成相应的社群，从而使其发生群蜂效应。这样，消费者在相应的社群里都会营造出 4 个氛围，如图 7-2 所示，进而对企业的品牌产生价值反哺。

图 7-2

这种企业与消费者之间所建立的信任与价值反哺的关系，正是企业进行社群营销的体现。值得一提的是，企业品牌在未来的道路上，若没有社群的支持，是很难调动推广势能的。随着商业形态的不断发展，社群营销也是企业进行产品或服务推广的主要方式之一。因此，在未来，每个企业都应该建立自己的社群。只有这样，才能够更好地把握住消费群体。

总之，社群经济正在开启一个全新的经济发展趋势。具体来说，以后做产品和品牌出身的传统行业的从业者，在拥有自己的粉丝的同时，还会有一个巨大价值的社群，他们会利用这个社群开展一系列营销推广活动。

7.1.2 构成社群的 5 个要素

要想成为一个健康的社群，以下这五大要素必不可少。社群的构成要素包括 5 个方面：同好(Interest)、结构(Structure)、输出(Output)、运营(Operate)、复制(Copy)，如图 7-3 所示。根据这 5 个方面的英文首字母，可简称为 ISOOC。

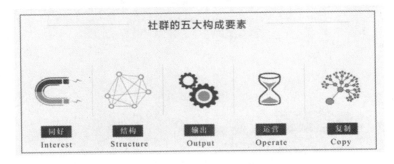

图 7-3

1. 同好

同好是社群构成的第一要素，也是社群构成的前提。同好，顾名思义就是共同的爱好，是群成员对某种事物的共同认可。作为个体，每个人都有自己的兴趣爱好或者思维方式，我们不能强加自己的理念而不顾别人的感受，应当在某一个层面达成共识，为了一个基本的目标走到一起，也愿意为了这个目标而共同努力。

这些共识可以体现在对某个产品的喜爱上，如苹果手机、小米手机；可以是一种行为，如爱旅游、爱阅读；可以是一种标签，如宝妈、粉丝；可以是一种空间，如某生活小区的业主群；可以基于某种情感聚集到一起，如老乡会、校友会、班级群；也可以基于某一种三观，如："有种、有趣、有料"的罗辑思维，如图7-4所示。

图 7-4

2. 结构

结构决定了社群的存活，它是一个社群的主体框架，就像建造房屋要有主体结构一样，社群有了这个主体结构才能安全稳定，才能抵抗强风暴雨。很多社群之所以最终走向沉寂，往往是因为社群建立之初没有对结构进行合理规划。社群的结构包括组成成员、交流平台、加入原则和管理规范，如图7-5所示。

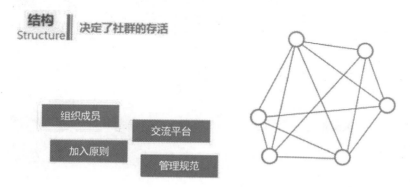

图 7-5

- 组织成员：发现、号召起那些有"同好"的人抱团形成金字塔或者环形结构，最初的一批成员会对以后的社群产生巨大影响。

- 交流平台：找到人之后，要有一个聚集地作为日常交流的大本营，目前常见的有 QQ、微信、YY 等。
- 加入原则：有了元老成员，也建好了平台，慢慢地会有更多的人慕名而来，那么就得设立一定的筛选机制作为门槛，一是保证质量，二是让新加入者由于感到加入不易而格外珍惜这个社群。
- 管理规范：人越来越多，就必须有管理，否则大量的广告与灌水会让很多人选择屏蔽。所以，一是要设立管理员，二是要不断完善群规。

3. 输出

输出决定了社群的价值。没有足够价值的社群迟早会成为"鸡肋"，群主和群成员要么选择解散群或者退群；要么一些人再去加入一个新的好群或选择创建一个新群；要么群成员不珍惜该群，乱发广告、随意灌水。

为了防止这些情况发生，好的社群一定要能给群员提供稳定的服务输出，如图 7-6 所示，例如提供知识干货、咨询答疑、信息咨询以及利益回报等。这才是群员加入该群、留在该群的价值。另外"输出"还要衡量群员的输出成果，全员开花才是社群，如果仅仅是一枝独秀，那走的还是粉丝经济路线。

图 7-6

社群能否为用户持续输出有价值的内容，是评判社群价值高低的标准之一。所有的社群在成立之初都有一定的活跃度，但如果不能持续提供价值，社群的活跃度就会逐渐下降，最终沦为广告群。同样的，没有足够价值的社群，群成员也会自行退群或者屏蔽群，然后选择加入其他对他们来说有价值的群。因此，为了防止出现以上情况，社群需要能够持续不断地为成员提供有价值的输出。

4. 运营

运营决定了社群的寿命。不经过运营管理的社群很难有比较长的生命周期，一般来说，从始至终通过运营要建立"四感"，如图7-7所示。

图7-7

1) 仪式感

社群的仪式感是通过一些特定的形式和动作来彰显社群的特征，比如加入要通过申请、入群要接受群规、行为要接受奖惩等，以此保证社群规范。建立仪式感能够让群成员感受到社群的正规性和专业度，也能对新入群的成员产生一种强烈的自我暗示，提高他们在社群中的专注力、反应力和行动力。

2) 参与感

社群参与感的打造对社群的运营具有重要影响，可以从增加成员的互动、设置具有吸引力的奖励机制、社群线下活动等方面着手进行，既能够方便社群管理，又能够弱化中心增强整体意识。

3) 组织感

每个社群成员在组织中都有对应的"职位"，他们通过有组织地分工合作，完成一次又一次的社群活动，从而保证社群的战斗力。

4) 归属感

归属感的形成会让群成员对社群产生一种"家"的认可，使他们更加认可社群文化、依赖社群文化，比如通过线上线下的互动、活动等，以此保证社群凝聚力。所以，提升社群的归属感并让每个社群成员真正感受到，社群与成员之间就会建立一条纽带，将二者牢牢地拴在一起。

5. 复制

复制决定了社群的规模。当社群的管理、维护都日趋规范和成熟时，可以快速进行社群复制，从而让社群越做越大。当社群规模越来越大时，社群内感情分裂的可能性也会越大，因此在复制社群时，需要考虑是否真的有必要通过复制来扩大社群规模以及是否有能力维护扩大以后的社群。复制不是即兴，而应当综合人力、财力、物力等多方面进行考虑。

一个社群能够复制多个平行社群，就会形成巨大的规模。在做出此举之前，需回答 3 个问题：是否已经构建好组织？是否已经组建了核心群？是否已经形成了亚文化？如图 7-8 所示。

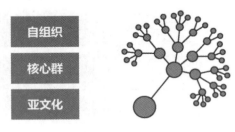

图 7-8

- 是否已经构建好组织：考虑是否具备充足的人力、物力、财力。不能过于围绕中心展开，但也不能完全缺乏组织。
- 是否已经组建了核心群：要有自己一定量的核心小伙伴，他们可以作为社群中的种子用户加入，引导社群往良性方向发展。
- 是否已经形成了亚文化：要形成一种群体沟通的亚文化，比如大家聊天的语气、表情是否风格一致？这都是社群生命力的核心。

7.1.3 社群运营的特点

在互联网时代，不管是移动端还是 PC 端，社群营销都已经成为市场营销中不可或缺的一部分。特别是对于企业，社群营销可以帮助他们获取某个特定的群体，是一种比较有效的营销方式。要想做社群营销就需要了解社群营销都有哪些特点。

1. 多向互动

社群营销是群内成员的多向互动式交流模式。在这种营销方式下，社群内的成员既可以自己发布信息，也可以传播分享信息，无形之间就为企业营销创造了很多机会。

2. 弱化中心

社群营销中每一个群员都拥有发言权，每一个成员也都是传播的主题，但是这个群体也是有中心的，其中心就是社群的建立者和管理者，虽然他们是中心，但是却是弱中心化的。

社群是一种自由组织、发布式的蜂群组织结构。社群的建立也是有一定规矩的。一般来说，规矩是由领导者建立的，社群里的每个成员，都有自己的话语权和信息获取途径。他们可以在社群里共同交流、互动，通过在话语中博弈，来逐步构建大家都认同的、想要的规矩，而不单单由领导者来决定整个社群里的运作。

一般社群营销去中心化的特点，主要体现在以下3个方面，如图7-9所示。

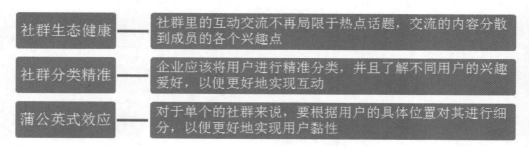

图 7-9

3. 情感营销

社群情感营销是指社群内能够给人们传递价值、趣味的情感，促使群内人员因为受到感染，进而不断地增加群内成员，以达到社群营销的目的。

社群营销和别的营销方式最大的区别就在这里，社群可以进行情感营销，它可以通过传递价值趣味的内容，让群内成员受到这种有趣味性的氛围的影响而更加喜欢上这个社群，最后自愿成为社群的推广者，不断地增加群成员以达到社群营销的目的。做情感营销可以采用这种方式，首先要摆正企业的观念，树立企业的形象，然后要在运营过程中注重累积，提高营销能力。下面是对社群情感营销的方法进行的图解分析，如图7-10所示。

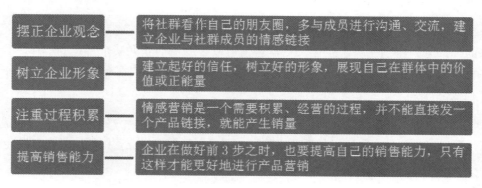

图 7-10

智慧锦囊 企业在推广时，切记不要强推，可以选择给社群朋友提供其他产品的选择，给他们一个选择的空间，也是展示自己服务的好时机。这样的做法其实是在暗示社群成员"选择我们的服务，才是最佳服务"的理念。

4. 自行运转

社群营销很大的特点就是社群成员可以自主地创造、分享信息，从而实现社群营销的自行运转。社群成员的参与度和创造力不仅可以促进社群营销实现自我运转，也可以催生出多种企业产品的创新理念及完善企业产品、服务的功能的建议，这样可以使企业的成本得到大幅度降低。

5. 利益替换

社群营销的这种形态要想长期得到生存发展，就必然要使每一个群内的成员产生价值，为社群做贡献。具体的方法可以是，群内如果有不产生价值的群成员可以进行替换，这样可以保证群血液的新鲜，更能保证了群价值的形成。

6. 范围较小

社群营销的范围是比较小的，所以可以称作范围经济。它通过小众化的社群自生长、自消化、自复制能力来实现运转，并以社群每个成员的思想、话语权作为永动机牵引整个社群的发展方向及社群营销的效果。

7. 碎片化

因为社群具有多样性的特点，所以社群成员的组织创造能力，可以为社群进行信息发布、产品设计、内容服务等，呈现出一种碎片化的形态。但只要合理利用，社群营销的价值就能够得到最大化地展现。

8. 独有要素

社群营销有一套自己独有的核心要素，主要表现为以下3个特征，如图7-11所示。

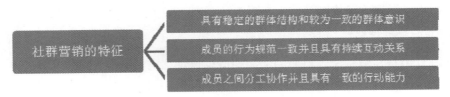

图 7-11

7.1.4 社群运营的优势

社群运营是现代企业常用的营销手段之一，通过打造自己私域流量池来实现对用户的运营，保证企业的收益。在社群中无须企业挨个询问社群成员各自的喜好、对产品的意见等信息，社群成员会主动谈及自己的看法、意见，并引起讨论，这样企业就能很轻而易举地收集到社群成员的想法、建议等信息。当然，社群营销对企业的好处远不止这些，下面详细介绍社群营销的一些优势。

1. 成本低利润高

传统营销的模式需要投入的成本比较高，社群营销的方式借助互联网范围广、传播快、流量多的优势，使用更低的成本获取流量，通过运营实现用户的转化和变现。

传统营销模式主要是让更多的用户了解产品，完成用户转化和用户变现是其主要工作。社群营销模式除了为了实现营销之外，还能够通过用户自发性地进行传播和推广，为企业带来更多效益。

2. 营销更加精准

社群营销根据用户的需求进行内容的输出，是一种直击用户心底需求的一种营销模式。面对的用户更加精准，传播的方式也由硬广转为软广，更容易被用户接受，不仅节省了成本，而且还带来了众多精准客户。

3. 有效口碑传播

企业能够长远地发展下去，良好的口碑和企业形象是必不可少的，被用户认可的品牌一般会被用户作为优先选择。良好的口碑能够在短时间内提升产品的销量，对于塑造企业形象和打造品牌 IP 实现企业的长远发展有非常重要的作用。

4. 打造推广氛围

社群的本质是，通过手机端和电脑端共同创建营销环境打破了空间和时间的限制，将企业与用户、用户与用户之间联系起来，而且这种联系通常是一种基于熟人的联系。在此基础上抓住用户的诉求点，对内容进行包装，推送用户需要的内容，那么用户自然也愿意进行转发传播，届时在社群中消费者采取了购买行动，那么这一购买行动很有可能迅速感染周围其他人，形成小范围的购买高潮。

5. 及时掌握信息

社群营销是与消费者面对面的沟通，所以通过社群活动不仅可以宣传企业的产品知识，还可以及时了解消费者对产品、渠道、价格、设计、营销手段等各种营销要素的认知和建议。企业可以针对消费者需求，及时对宣传活动战术以及以后的产品研究进行调整。

6. 人群黏性高

基于社群的互动、问答和评论，更容易使社群成员建立起对企业产品或服务质量的动态评估，增加产品与品牌的附加值，形成很强的品牌忠诚度，从而建立起了消费黏性和信誉。

7. 时效性长

社群营销的主要特点是以人际关系、口碑、兴趣为核心。企业只要将这三者处理好，就能够在社群中获得更好的口碑，并且这种良好的口碑还会长久地流传下去。

8. 独有生态

社群可以凭借多元化的社交来建立独有的生态，并且生态里的人群都有一个共同的喜好或特点。一般来说，兴趣类社群占所有类型的社群比例高达 66.4%，其中，有 6 类细分社群占据主流，如图 7-12 所示。

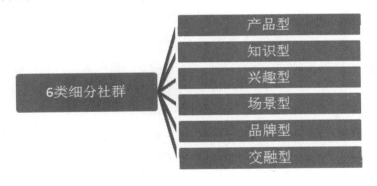

图 7-12

9. 品牌效应大

社群营销需要有品牌知名度的支撑，随着社群活动的开展，消费者能从中得到不少益处，也真正地解决了消费者的一些问题。由此可见，品牌的知名度不仅可以提高企业的美誉度、扩大品牌的影响力，也能够促进社群营销的开展。

10. 延伸价值强

社群营销所涉及的人群一般都会通过朋友圈进行宣传，甚至还能将其营销内容延伸到更多的陌生群体，最后形成一个庞大的市场。因此，社群营销具有很强的营销价值。

7.1.5 社群运营的方式

随着互联网的迅速发展,企业运行社群营销的方式也多种多样,下面对企业运行社群营销的方式进行图解分析,如图 7-13 所示。

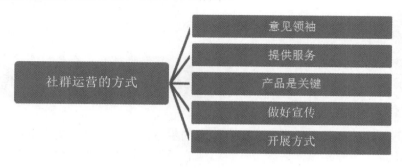

图 7-13

1. 意见领袖

拥有一个可靠的意见领袖是企业进行社群营销的关键。能够成为企业意见领袖的人一般是某一领域的专家学者或者是相关权威人士。拥有意见领袖比较容易树立信任感,有助于传递一些有价值的内容。

2. 提供服务

企业在进行社群营销时,一般是通过提供产品或服务这两种方式进行营销的。为了满足社群成员的需求,企业在社群中进行营销的最主要的方式是提供服务,具体包括招收会员、感受某种服务、接受专家咨询等。

3. 产品是关键

企业做社群营销的关键是产品。企业需要一个有创意、有卖点的产品,而这里所提到的产品并不单指企业所要卖的产品,还包括企业为社群人员提供的服务。

4. 做好宣传

企业有了好的产品,就得通过创造好的内容来进行有效传播。在这个互联网大爆炸的时代,通过朋友圈之间的口碑传播,就像一条锁链一样,一条套一条,信任感较强,比较容易扩散,且能量巨大。

5. 开展方式

社群营销的开展方式是多种多样的。就拿小米来说,它选择的方式是将一群发烧友聚集起来,共同开发小米系统,并且共同参与研发高性价比的手机。这种方式吸引了一些原本不是米粉的消费者来购买小米手机。因此,企业在开展社群营销方面还是要多花些心思,才能达到好的社群营销效果。常见的企业社群营销开展方式如下。

(1) 组建相应的社群,做好线上交流和线下的各类活动。
(2) 与目标社群进行合作,支持和赞助社群活动,鼓励社群成员积极参与。
(3) 与社群中的意见领袖合作,用这种合作的方式来传播企业的品牌价值与文化。
(4) 建立相应的社群数据库,帮助企业实现精准营销。

7.2 社群管理

本节导读　目前"社群"这个话题是任何公司或者个人都想做的一件事情。从企业到个人、从知识精英到平民小 V,都在做社群,不管你是叫俱乐部,还是某某圈,或者这个会那个社,总之,社群风起云涌。本节将从社群的日常管理、促活管理和裂变管理这 3 个方面详细介绍社群管理的相关知识。

7.2.1 日常管理

社群运营者最主要的工作是进行社群的日常管理。一个社群,无论是微信群还是 QQ 群,如果不加以维护,一般都会经历建群、聊天、广告泛滥这 3 个阶段,最终走向死寂。因此,社群建立后,运营者需要通过各种方式和手段维持社群的生命力,最终达到期望的社群转化结果。图 7-14 所示为社群日常管理的 3 个主要方面。

图 7-14

1. 群成员维系

群成员维系工作包括邀请新人及欢迎新人入群、群昵称管理和成员移出,下面将分别予以详细介绍。

1) 邀请新人及欢迎新人入群

在群管理员的日常管理工作中,一项基础的管理就是邀请新人,尤其是发展期的社群更需要新鲜血液的加入来壮大社群。社群管理员会设置不同的好友邀请机制，以激励现有成员不断地邀请新成员加入。新成员入群之后，为了快速地让新人融入社群中，很多社群会设立一套完善的欢迎仪式，让新成员感受到社群很正规以及自己被重视。

  2) 群昵称管理

  为了方便管理群成员，使群成员之间相互熟悉，社群管理员可以设置群昵称的设置方法(通常有规定的模板)，让成员按照统一的格式进行命名。

  3) 成员移出

  对于管理者而言，社群中总会有一些群成员与社群文化不相符合，群管理员需要对这类人进行及时的移除，以保证社群内成员的目标一致性。对于在群里从不发言、从不参与社群活动、经常发表反面言论、经常发送广告或违反群规的成员，管理员需及时进行移除。

2. 群消息管理

  进入社群后，群成员开始接收社群内的内容。这些内容有的来自群管理员，有的来自其他群成员。管理员需要做的就是管理这些消息，一方面以管理员的身份来制约他人的发言，如规定发言的方式、类型，指出明确禁止发言的内容；另一方面可以对群成员进行每日早晚问候，维持社群的活跃度。管理员也可以发布一些与社群主题相关的内容，以起到吸引群成员的作用，如图 7-15 所示。

图 7-15

3. 用户答疑

用户加入社群的目的是为了满足自己的某些需求，如兴趣方面的需求、学习方面的需求、社交方面的需求。为了解决他们的需求，用户有时候会在社群里提出问题。因此，运营者应当时刻关注社群内的信息，解决成员的问题、了解成员的意向，并提供解决方法，通过这些行为维系成员之间的关系，为接下来的社群转化做铺垫，如图 7-16 所示。

图 7-16

7.2.2 促活管理

除了社群的日常运营外，运营人员还须考虑如何提高社群活跃度，提高社群粉丝的黏性。让社群的意义名副其实，而不是仅仅是一个"微信群"或者"QQ 群"。

1. 社群打卡

很多社群为了激活社群活跃度，采取了打卡模式，比较多的是早起打卡，也有晚上打卡，在社群打卡是激活社群，建立互相激励同伴环境的绝佳武器。

1) 表明态度

在社群中打卡代表一种态度，代表这件事情的重要程度，也代表成员对这件事情的执行程度，所以很多时候也决定了这件事情的结果。

2) 宣誓承诺

在社群中公开打卡对很多群成员来说是一种公开宣誓和承诺。这种公开的承诺很多时候比实际生活中宣称接受朋友监督更加贴近宣誓者的内心,更能够激励他们将诺言进行实现。

3) 习惯养成

在社群中打卡有助于帮助群成员养成好习惯。打卡本身就是一种习惯的培养,例如某些学习群就是通过每天定时定点打卡来帮助群成员培养学习习惯的,从而克服了懒惰的缺点,如图 7-17 所示。

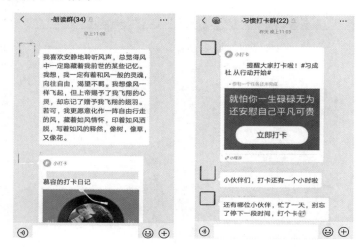

图 7-17

社群打卡规则的设置可以从以下几个方面进行,如图 7-18 所示。

图 7-18

2. 福利分发

不同的社群会有一些差异性的福利分发,有的来源于社群本身的基金,有的来源于赞助商,也有的来源于其他方面,但总体而言,社群的福利分发也是激励社群活跃度的有效方法。社群的福利主要有以下几种,如图 7-19 所示。

3. 红包激励

一般情况下,在群里发红包主要有以下几种原因,如图 7-20 所示。

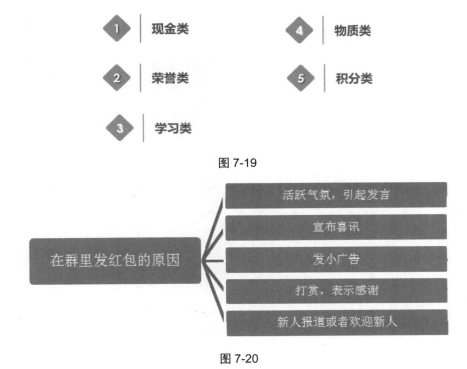

图 7-19

图 7-20

图 7-21 所示为发红包奖励的微信群。

图 7-21

4. 线下交流

很多时候，人与人之间的信任需要建立在互相见面的基础上。很多人觉得，虽然我们都在一个社群里，但是隔着遥远的互联网，看不见摸不着，谁也不能保证什么，还不如线下的一场见面会来得直接。因此，很多社群会为群成员提供线下见面的机会，通过线下交流的方式拉近群成员之间的感情，促进社群的活力，如图 7-22 所示。

图 7-22

为了保证线下交流的安全性和有效性,一般线下聚会按照以下 3 种主题来举行,如图 7-23 所示。

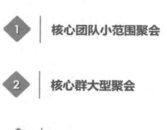

图 7-23

7.2.3 裂变管理

社群裂变的本质是价值传递,也就是把社群所提供的价值传递给更多的人。社群发展到一定阶段以后,就会希望通过复制来扩大社群规模,从而向更多的人传递社群的价值。要实现这一目的,必须通过系统性的组织行为来进行;或者由社群创建者带领社群成员一起行动,向周围圈层扩散;或者让社群的核心成员组织人员去完成任务,社群成员在社群规则和整体架构中向下复制,形成类似分群或者分舵的形态,这就叫裂变。

1. 裂变准备

裂变准备包括裂变时机和裂变临界点两个方面，下面将分别予以详细介绍。

1) 裂变时机

社群不能一味地为了扩大规模而扩大，需要运营者综合考虑社群的发展现状，然后判断社群是否真的需要进行裂变。一般来说，当社群出现以下几种情况时就可以考虑进行裂变了，如图 7-24 所示。

2) 裂变临界点

在社群发展的过程中，成员的角色会不断地发生发化，如"种子用户"会变成普通用户，"抗辩分子"会变成核心用户……这些变化都是为了让社群达到裂变的临界点。具体来说，社群裂变的临界点有两个，如图 7-25 所示。

图 7-24　　　　　　　　　　图 7-25

2. 裂变模式

如果运营者的社群无法快速裂变，走得一定不会太远。但具体该如何实现快速裂变呢？这里总结出社群裂变的四大模式，如图 7-26 所示。

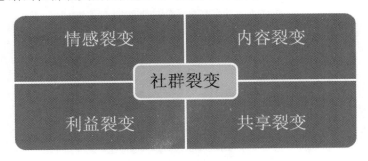

图 7-26

1) 情感裂变

情感具备强大的穿透人心的能力，因此社群可凭借情怀、价值观、服务口碑而传播。这方面最具有代表性的就是宗教了，社群营销的最高境界，就是打造出你的品牌宗教。

2) 内容裂变

持续输出实用或有趣的内容，组织会员或大 V 广为转发，这应成为社群运营的例行要务。这方面的典范是小米社群、吴晓波社群等。

3) 利益裂变

把会员变为代理商，业绩优秀者甚至提拔职位。以利益分成强力驱动裂变，但必须把握分寸，否则容易涉嫌传销。

4) 共享裂变

以社群资源共享的模式，每增加一位新会员，都会提升其他会员能获得的价值，自然就会推动大家积极引荐新人。

3. 裂变流程

裂变流程包括用户裂变流程、用户参与流程、运营操作流程 3 个流程，下面将分别予以详细介绍。

1) 用户裂变流程

社群在裂变的过程中首先需要找到用户与用户之间传播的路径。

在用户裂变的过程中，父节点的影响力越大，衍生出来的子节点就会越多，就能够影响到越多的人，因此在社群裂变的过程中，需要找到具有强大影响力的节点，如图 7-27 所示。

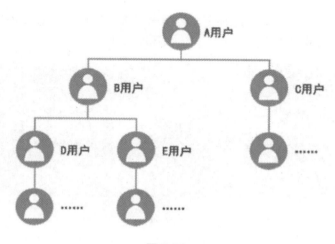

图 7-27

2) 用户参与流程

以当前社群裂变最常见的用法为例，一般情况下，用户参与裂变的流程如图 7-28 所示。

图 7-28

3) 运营操作流程

社群运营人员为了让用户在参与社群裂变活动时有良好的用户体验，需要对裂变活动进行全流程的规划和实施，具体如图 7-29 所示。

图 7-29

- 活动策划：包含活动目的、时间、奖励、流程、推广渠道等，和其他线上活动并无太大差异，它的作用是帮助运营者厘清思路、分清重点，从而从容不迫地按照计划执行活动。
- 设计裂变海报：根据活动方案，提炼出海报文案，然后设计裂变海报。裂变海报 6 要素包括主标题、副标题、卖点、背书、促行动、活码。依据这 6 要素，下面分享一个常见裂变海报的版式，仅供参考，实际的版式数量不限于此，可由设计师自行设计，如图 7-30 所示。
- 群内话术准备：群内话术包含入群话术、审核话术、提醒话术、踢人话术。
  (1) 入群话术：是指用户进群时，机器人@用户后，给用户发送的话术，通常建议分两段发送：第一段表示对用户的欢迎，以及介绍任务；第二段是需要用户转发的文案，将需要用户转发的文案单独放一段是为了方便用户复制粘贴。其实还有第三段，第三段是一张裂变海报。
  (2) 审核话术：是指用户完成转发/邀请任务后，机器人自动发送的话术，用于告知用户通过了审核。

(3) 提醒话术：当入群人数越来越多，必定会有部分人由于某些原因而没有做任务，这时就可以利用提醒话术，@所有没有做任务的群成员，提醒他们做任务。

(4) 踢人话术：当用户因违反群内规则或者发广告被踢时，就会触发踢人话术。

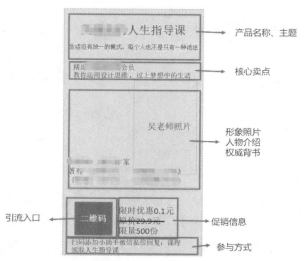

图 7-30

- 后台设置：按照前面的步骤准备好物料，就可以进入社群裂变工具的操作后台，进行与活动相关的设置。不同的产品，设置的方法会有不同，这里不一一介绍了，但有几个容易被忽略的点，在此提醒大家。

  (1) 注意群是否够用。

  (2) 设置好以后，将活码下载下来，放入裂变海报中。

  (3) 不要混淆活码和群二维码，需要放入裂变海报中的二维码是活码，而不是群二维码。

  (4) 设置完成后要亲自测一遍流程，拾漏补缺。

  (5) 自己人一定要进群，留心用户反馈的问题，关键时要引导舆论。

- 活动推广及数据监控：将裂变海报推广出去后，运营人员需要跟进活动，不仅需要在宏观上了解活动进展的情况(通过数据反馈)，还需要深入活动现场(也就是群内)，观察用户的反馈、发现用户的需求、发现其他可以完善的点，能优化的立即优化，不能优化的登录下来，思考下次活动如何规避相同的问题。

7.3 社群变现

本节导读　做社群是需要付出很多精力和时间、财力和物力的(视用途和规模而定)，最后的目的，自然还是为了赚钱。社群营销变现，是社群发展的终极目标，也是社群形成商业闭环的关键环节。结合相关实战经验，在深入研究的基础上，本节将详细介绍社群变现的相关知识。

7.3.1 社群变现模式

很多人说社群变现就是赚到钱了，其实这里说的社群变现不是现金的"现"，这个"现"不一定就是现金，也有可能是品牌、认知、流量等。目前，社群变现的方式有以下几种，如图7-31所示。

图7-31

1. 产品变现

产品变现是大多数产品型社群的主要变现方式，通过社群运营的方式让用户参与到产品的设计、制作等环节，并且与用户进行深度联系和沟通，让用户产生更强的信任感。无论是具体到实物的产品，还是培训、咨询、教育等服务，都可以理解为一个产品，通常这种类型的社群用户在认可社群价值的同时，也会认可社群品牌的自有产品。社群产品主要分为两类，具体如图7-32所示。

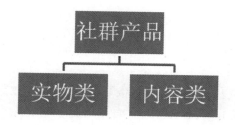

图 7-32

针对实物类产品,社群可以在运营过程中通过各种方式展示实物产品的特点和优势,让用户对产品有更加深刻的了解和认可。

针对内容类产品,社群可以通过打造知识 IP 来塑造老师的个人形象和社群的专业形象,从而推出相关的专属知识内容。

2. 会员收费变现

通过收取会员费来实现社群变现,这是最简单、最直接的变现方式。例如"罗辑思维""彬彬有理"等社群都是通过会员收费的模式成功地实现社群变现目的的。

会员收费就是群成员想要加入社群时必须向社群支付一定的费用,成为社群会员后才能参与到社群活动中,享受社群提供的服务。因此,会员费既是社群的门槛,也是社群的变现渠道。

3. 电商变现

移动互联网时代最大的特征就是碎片化,因此随之出现了一些不同的碎片领域,如社群电商。如今,电商成为很多人做社群的目标和动力,社群是他们的工具,可以帮助他们进行电商的推广,如常见的母婴社群、美妆社群等。

社群不需要有很大的规模,有时候靠一个人就可以驾驭和运作,通过做好一个社群的群主,让社群里的人相信社群的专业度,然后去购买相关的产品或服务,就能够为社群带来收入。

例如,"罗辑思维商城"主张社群走电商的思路,也在身体力行地卖书、卖货。如图 7-33 所示为罗辑思维商城。

4. 服务变现

把基础的社群运营活动以免费的方式展现出来,尽可能多地聚集精准粉丝,然后通过增值服务的方式对部分有需求的人进行收费,这就是服务变现。

这种模式一般用来进行企业品牌的塑造,不需要在短期内直接带动销售,需要花费一定的时间和精力来维系品牌社群,已经具有了核心竞争力。

第 7 章　社群运营与实用技巧 | 227

图 7-33

5. 合作变现

合作变现的方式有很多，常见的换粉互推、资源交换、合作产品等都是可以尝试的合作方式。

通过合作进行变现的时候，最重要的是要处理好本社群与合作社群之间的关系：一方面不要越过对方的合作底线，给对方带来不好的影响；另一方面，合作前要把推广、分成等事项商量好，否则不仅容易合作失败，还会对双方社群的声誉造成不良影响。

6. 流量变现

社群规模和流量达到一定程度以后，可以通过广告投放来实现变现。社群本身就是一种媒体，有媒体就可以有广告，因此可以通过社群渠道费的方式来做广告或者代理产品，从中获取分成。无论是实物产品还是虚拟产品，都可以采用这种方法。同样的，如果一个产品足够好，但缺乏推广渠道，也可以采用这种方式从别的社群中获取流量。此外，社群是某种同类人群的集合，对于很多商家来说就是精准的用户聚集体。

7.3.2 社群变现路径

对于每一个做社群运营的人来说，不管前面铺了多长的路，其最终目的一定是奔着变现去的。所以做社群，除了流量获取、日常运营以及用户留存等方面的工作内容外，最重要的便是进行社群变现。下面详细介绍关于社群变现路径的知识。

1. 创建社群

在社群经济的模式下，社群要想实现其应有的商业价值，首先要经历"社群创建"这个过程，这个过程并不仅仅是建立一个社群，还需要解决社群生存的问题，只有建立起一个垂直细分、具有一定特色的社群，即社群 1.0，在此基础上才能够在此后的社群生命周期中进一步实现社群的商业化，升级到社群 2.0。

2. 实现商业闭环

升级到社群 2.0 的前提是：这样的一个社群中，能够找到潜在的运营对象，或者说未来商业运营的潜在用户，并且能够实现一定的商业闭环。

例如，一个拥有 10 万人规模的母婴社群(诸如上百个的微信群组成的一个简易的社群，社群诞生后一般是依托社会通用的社会化媒体和社交工具进行关系维护和互动，诸如 QQ、微信等都是主要的工具，而 QQ 群和微信群又是主要的互动载体)。

此社群内一定拥有诸多的妈妈、准妈妈，以及闻风而来的诸多对该群体提供服务的供应商。在一个简易的微信群或者 QQ 群中的人群，已经能够借助微信群的信息传播功能和社交功能，进行供求信息的提供和供给，并且进行各种线上或者线下的勾兑，最终创造价值。

如此一来，这样的一个社群就具备了可以进行商业运营的初步条件，进行社群 2.0 模式的提升就理所当然。

此时，有必要研发或者借助一个统一的平台，将分散在微信群或者 QQ 群中的用户需求和商业闭环过程在一个线上平台上实现。如果这个社群中的用户需求集中体现在标准化的商品消费需求，则一个微店系统就可以实现此功能。如果拥有不只是直接电商的需求，还需要更多的信息发布交互需求，则需要一个社区产品连带一个可以进行电商交易的微店系统等，这就是所谓的商业闭环的再次上线过程。

无论需求的技术产品形态如何，最终要实现的都是对接社群组织内部人和服务的连接需求，形成以社群为支撑、技术工具为手段，才能连接社群内比较集中的需求和服务提供商，并实现需求和服务配对的过程。这样一个最简单的社群运营平台就搭建完成了，并且实现了基本的交易，从而完成了松散社群运营到 2.0 社群运营的升级，如图 7-34 所示。

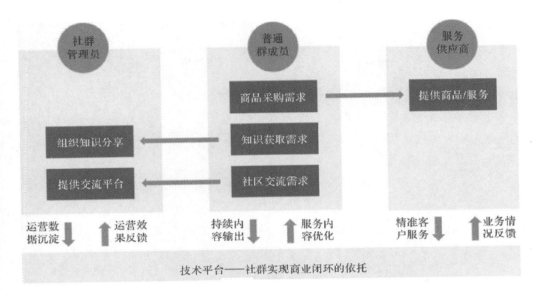

图 7-34

3. 升级为对外开放运营平台

社群要实现社群运营的更大价值,必须通过扩大工具平台的供给双方的数量和质量以及品类来实现更大商业价值的挖掘,包括对服务自有社群的工具平台向服务同类或者更广泛的人群需求的扩大。真正的对外开放,实现工具平台到真正意义上的开放服务交易平台的升级,即所谓社群经济 3.0 的升级。

以一个母婴社群为例,在完成一个技术产品开发之后,可以满足实现社群内部部分用户的需求。如果搬到一个自己开发或者改造的工具平台上,实现更多人需求的满足,并整合和匹配相应的服务。在此基础上,必须开放对外、横向推广这样的一个工具平台,让更多的增量的母婴社群用户能够用上这样一个具有标准化普适性属性的工具平台,并最终升级一个内部的社群运营平台为开放的社群运营平台,实现真正意义上的社群运营平台的建立。

第 8 章 吸粉与粉丝运营

在新媒体不断发展的当下,粉丝经济迅速崛起,为了引导更多的人、吸引更多人的关注、创造更多的价值,企业或商家都纷纷争当意见领袖,然而,如何运营好粉丝经济,成为一个极富挑战性的问题。通过本章的学习,读者可以掌握吸粉与粉丝运营方面的知识,为深入学习新媒体运营与推广知识奠定基础。

8.1 粉丝经济简述

本节导读　在这个粉丝经济时代，顾客慢慢地变成了企业的粉丝，企业的发展方向也逐渐转变成了"以粉丝为中心"。因此，企业一定要有自己的粉丝才能实现可持续发展，也才能更具有活力。

8.1.1 新媒体时代下的粉丝经济

随着互联网的不断发展、新媒体的盛行，粉丝经济已经成为一种主要的经济形态之一。粉丝经济作为一种新型的文化经济模式，带来了诸多经济效益。在粉丝经济迅速崛起的当下，粉丝已经成为企业或商家发展的重要因素之一。下面对粉丝在新媒体时代的表现进行图解分析，如图8-1所示。

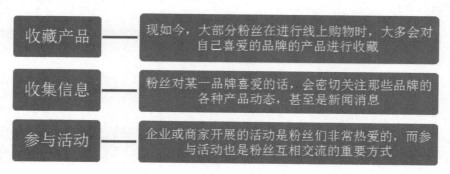

图 8-1

在新媒体时代，粉丝更加活跃，也更加有自主选择权。互联网为粉丝经济提供了平台，而粉丝也为其提供了助推力，成为粉丝经济发展的核心要素之一。

8.1.2 粉丝互动的特点

粉丝经济的核心是粉丝的互动和参与。没有粉丝的互动，就建立不起粉丝的信任关系；缺乏了信任关系，就很难建立其品牌社群。而建立了品牌社群之后，粉丝的互动也是品牌社群中的关键内容。因此，基于当前最流行的移动社交工具研究粉丝互动的特点就非常关键。其中，粉丝互动呈现出快速化、碎片化、信任化、平台化 4 个特点。下面对粉丝互动的这 4 个特点进行图解分析，如图 8-2 所示。

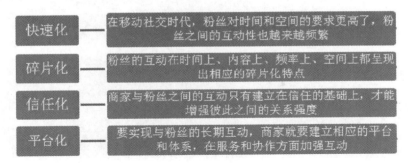

图 8-2

其实，这并不是专属于粉丝互动的特点，而是整个新互联网时代的特点，是整个社会趋势发展的必然结果，无论作为个人还是作为企业，都必须严肃对待这 4 个特点，这里称之为"新互联网时代的 4 项基本原则"。

8.2 粉丝经济的重要结构

本节导读　粉丝经济有 4 个重要结构，包括社会资本与信任关系、自组织网络与口碑推荐、互惠关系与消费者驱动的 C2B、社交对话与虚拟自我，本节将详细介绍粉丝经济的这 4 个重要结构。

8.2.1 社会资本与信任关系

通俗地讲，社会资本指的是企业通过社会关系获得的资本，对企业与粉丝之间的联系起着不可磨灭的作用。例如，在当前的社交网络中，微博、微信以及一些品牌社群里的粉丝，对企业来说，都是一种社会资本。因此，企业一定要重视对这些平台的粉丝的经营。

社会资本主要包括信任、规范和关系网络 3 大要素，其中，信任是关键要素。信任不仅存在于个人与个人之间，也存在于整个社会关系之中。由于社会资本与信任之间的关系非常紧密，所以，一般来说，相关人员在对社会资本进行研究的同时，也会从不同的角度对人们的信任指标进行测量，如图 8-3 所示。

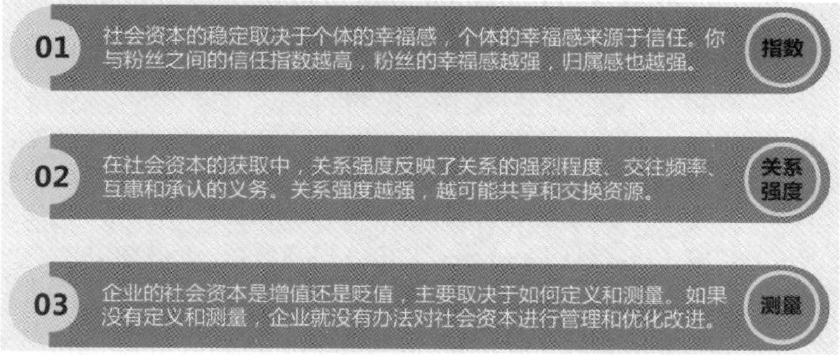

01	社会资本的稳定取决于个体的幸福感，个体的幸福感来源于信任。你与粉丝之间的信任指数越高，粉丝的幸福感越强，归属感也越强。	指数
02	在社会资本的获取中，关系强度反映了关系的强烈程度、交往频率、互惠和承认的义务。关系强度越强，越可能共享和交换资源。	关系强度
03	企业的社会资本是增值还是贬值，主要取决于如何定义和测量。如果没有定义和测量，企业就没有办法对社会资本进行管理和优化改进。	测量

图 8-3

消费者的信任关系强度一般可以从以下 3 个方面进行判定。
(1) 年龄、性别、职业等。
(2) 关注的时间、实际距离、互动频率、互动情绪指数等。
(3) 信息流方向、行为的亲密度、互惠内容的价值量等。

由此可见，企业可以通过对信任关系强度的量化，来加强对粉丝的了解，并根据粉丝的差异化，对粉丝进行具体分类。

8.2.2 自组织网络与口碑推荐

移动自组织网络是由移动通信和计算机网络相结合而产生的。从分布来看，其属于一种自治的、多跳式的网络，没有固定的基础设施。因此，在用户不能使用现有网络基础设施的情况下，它能够为用户提供一种终端之间的相互通信。自组织网络具有以下特点。
(1) 移动终端间的网络拓扑结构随时可能发生变化。
(2) 没有严格的控制中心，并且所有节点的地位都是平等的。
(3) 移动终端的发射功率和覆盖范围都是有限的。

对 P2P 网络的社群协作和自组织形成的研究有助于分析微信协作的应用模式。P2P 网络，即对等网络(Peer to Peer，P2P)，也称对等连接，是另一种新的通信网络模式，在其网络中的每个参与者都具有同等的能力，都可以发起一个通信会话。它的特点是点对点，而且是基于会话，因此与微信等基于消息类的移动社交类应用是很相近的，如图 8-4 所示。

在粉丝经济时代，企业或商家对产品或服务的推广多是凭借口碑推荐传播的。美国口碑市场营销协会将口碑定义为消费者向其他消费者提供信息的行为。它是以消费者为主导的信息交流渠道，口碑信息的传播者和接收者不受商家的干预。消费者对企业形成的较好的口碑，能够帮助企业扩大营销规模，然而，如果一个企业的口碑差的话，对企业的发展也是致命的伤害，甚至会危及企业的生存。

图 8-4

在这个移动互联网时代，消费者的口碑主要表现在对产品或服务的评价上，消费者的好评往往能够影响其他消费者的消费抉择。商家获得的好评越多，消费者对商家的信任度就越高；如果一个商家获得的差评比较多的话，可能会阻碍商家经营。如图 8-5 所示为京东评价截图。

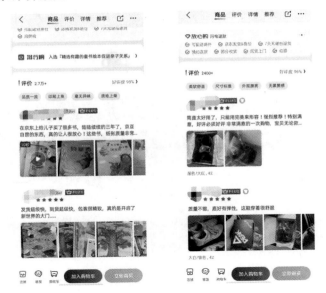

图 8-5

企业需要了解口碑推荐效应的影响要素，从而更好地影响消费者的口碑。影响口碑推荐效应的要素，如图 8-6 所示。

图 8-6

8.2.3 互惠关系与消费者驱动的 C2B

随着粉丝经济的蓬勃发展,企业或商家不再仅仅依靠传统的售卖方式来获得利润。它们也会利用互惠关系和粉丝驱动的 C2B 来获得一些创造性收入,例如,进行一些预售、团购、特卖和私人订制等。可见,这种互惠关系和 C2B 模式是非常重要的。下面对其进行详细介绍。

1. 互惠关系

互惠关系主要发生在经济交换或交易方面,在社会化的电子商务中,它是核心要素之一。这种互惠关系在企业和消费者之间主要表现在以下两个方面。

(1) 人与物的互惠关系。企业或商家通过团购、促销等方式为消费者提供各种优惠,以此来吸引消费者,建立更加牢固的经济交换关系。

(2) 人与人的社会交换关系。企业或商家要加强与粉丝之间的互动,在互动中建立彼此的信任。

企业需要根据实际情况及时转换互惠关系,与消费者达成双赢,互惠关系的转换如图 8-7 所示。

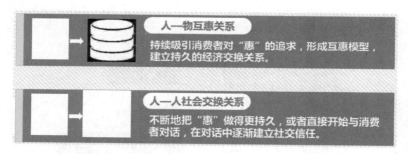

图 8-7

2. C2B 模式

C2B 指的是消费者对商家的一种模式,其主要特点是消费者通过集体议价,可将价格的主导权从厂商转移到自身,告别了以往厂商定价的形式。消费者可以通过讨价还价的方式为自身赢得更多的利益。

8.2.4 社交对话与虚拟自我

粉丝经济的发展离不开商家与粉丝的互动。值得注意的是,社交对话是粉丝互动和参与的核心。品牌社群为粉丝提供的社会归属感和身份认同,也是粉丝实现虚拟自我的体现。下面对社交对话和虚拟自我分别予以详细介绍。

1. 社交对话

社交对话是对话双方或多方间彼此交换信息的一个过程,是指人们之间进行信息及思想的传播,它也是建立粉丝信任的一对一的有效途径。

良好的社交对话会让企业在残酷的市场竞争中脱颖而出。通过社交对话提升销售成功率的流程如图 8-8 所示。

图 8-8

2. 虚拟自我

从目前来看,虚拟自我多指人们利用互联网来构建的自我。虚拟自我的产生与人们内心的渴望是分不开的。现阶段,粉丝所参与的各种社交网络社群,可以说是一种虚拟社群。在这种社群中,粉丝一般会根据自我与团体之间的关系及与他人交流的需要来呈现出一种虚拟的自我。

8.3 吸引粉丝的诀窍

本节导读　对于商家来说,一个注册量过亿的社交产品无疑是一个可以进行品牌推广的渠道。企业为了推广品牌、促进产品销售,建立了一个微信公众号,要求负责新媒体工作的运营者为新建的公众号策划宣传推广计划并组织落实。那么,作为运营者该如何进行这项工作呢?本节将详细介绍一些吸引粉丝的诀窍。

8.3.1 找准目标消费群体

微信运营者在进行粉丝原始积累的时候是最辛苦的。一般来说,大部分新手会采取求量不求质的方法,要么疯狂地互粉、要么疯狂地买粉。这种方法其实是不可取的。这种营销模式一般水分很大,吸粉再多,对微信公众号的发展也没有什么作用和意义。

微信运营者在进行吸粉工作时，一定要对粉丝进行定位，相比那种盲目地增粉，找准目标消费群体才是关键，如图8-9所示。

图 8-9

商家在进行微信营销时，一定要有针对性，要根据不同的目标消费群体，来制定相应的营销对策。

8.3.2 精致的内容和互动

内容要能够吸引粉丝的兴趣，让粉丝主动打开推文来阅读。当粉丝被你的推文所吸引或感动时，他们会自觉转发你的推文，从而让更多的读者看到，进而获取更多粉丝的关注。从形式上来看，微信公众号的推广与营销方式可以具体分为两种：内容营销、互动营销。

1. 内容营销

内容营销主要是通过发布优质的内容来吸引客户。企业在对内容营销进行分析时，可以从内容本身的价值、内容传播的渠道以及内容的营销效果3个方面展开。

2. 互动营销

商家在进行微信营销时，很重要的一点就是要加强与用户的互动，以实现互动营销，无论是大企业还是小商家，都要在抓好营销内容的同时，也要开辟各种渠道为新老客户提供各种有价值的服务，以增加用户黏性。

8.3.3 做活动快速吸引粉丝的关注

现如今，很多商家都在自己的微信公众号上开展各种活动，从而吸引了很多用户的参与。毫无疑问，对于商家来说，在微信上做活动是一种快速增加粉丝的有效方法。如图8-10所示为某百货的元旦活动。

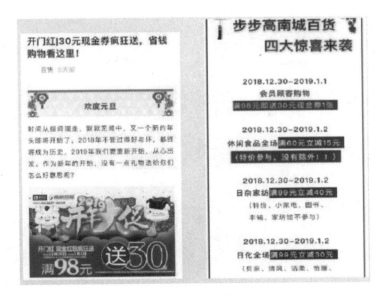

图 8-10

商家利用活动进行营销是符合受众需求的,并且所获得的粉丝一般都是真实的粉丝。商家应该对自己的粉丝进行充分的了解,并且根据粉丝的兴趣,针对粉丝需求进行商业活动。

当然,商家在推出这样的商业活动时,需要考虑一个适度的问题,太频繁的活动推送只会让用户感到厌烦。因此,商家一定要坚持适度的原则。

8.3.4 通过游戏进行充满趣味的植入营销

使用过微信的用户一般都玩过"抢红包""跳一跳"等小游戏,这些游戏并不算新奇,除了这些,微信旗下开发了很多有趣的小游戏。

当用户还在沉迷于这些游戏带来的欢乐时,不少商家已经将营销的目光转向了这些不起眼的游戏。直白的广告任谁都会厌烦,创意的广告反而能激发起用户的兴趣。为了增加粉丝的活跃度,商家还可以开发一些有趣的游戏来进行微信营销。如图 8-11 所示为微信游戏"跳一跳"界面。

图 8-11

8.3.5 通过认证微信让商家获取粉丝的信任

微信认证是商家获取粉丝信任和微信官方推荐的有效途径,微信认证有 6 个好处,具体如图 8-12 所示。

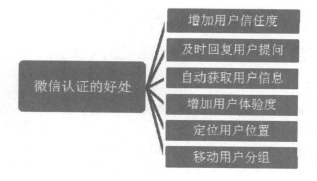

图 8-12

智慧锦囊 需要注意的是,微信认证确实是获取粉丝信任的有效途径。但是,微信认证不一定就会赢得粉丝的信任,因此,一定要注意粉丝的真实性。

8.3.6 提炼二次营销的能力

对于企业来说，微信不只是营销渠道，也是一个客户关系管理系统，即 CRM (Customer Relationship Management)。这是实现微信二次营销的重要条件。只有对微信公众号的 CRM 业务架构进行确定之后，才能对数据模型、接口对接、功能模块等展开进一步的设计与管理。CRM 的本质就是一种管理系统，如图 8-13 所示。

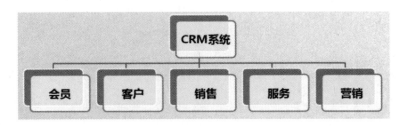

图 8-13

CRM 系统还有其附属模块，包括产品、知识库、活动、交易、统计报表等。值得注意的是，从本质上来说，微信 CRM 是一个利用微信的特点和接口而扩展的 CRM 系统。当然，这也是离不开微信渠道本身的。

8.3.7 一对一的个性化营销

企业在进行营销时，用户的不确定性是其重要阻碍，从而使得企业的精准营销难以实现。因此，企业在进行微信营销时，一定要对用户进行精准定位，实现一对一的个性化营销。微信的精准营销主要表现在以下两个方面。

1. 目标客户精准

微信营销的一个最大的特点就是，它所重视的不只是粉丝的数量，而是精准的、真正的粉丝数量，是绝对的精准人群。

2. 推送内容精准

微信应该推送一些丰富的、高质量的内容，是能够为用户提供价值的东西。微信这种一对一的个性化营销，一定会使企业的营销推广得到进一步提升。

8.4 增加粉丝的策略

本节导读 运营者为了开展新媒体营销,建立了自己的粉丝群之后,增加粉丝成为企业或商家需要考虑的重要问题之一。虽然风口在变,增长的需求却永不改变,各个企业纷纷开始寻求更科学、更高效的方法,来刺激新一轮的业务增长。本节将详细介绍增加粉丝的一些策略。

8.4.1 微博群发

在官方微博原有粉丝的基础之上,企业可以通过更新微博头像、增加头像二维码进行推广。借助微博原有的粉丝是推广微信账号的有效途径之一。通过微博大号带动,企业微信号就能收到第一波粉丝。当然这个方法的前提是产品的官方网站全新改版,以二维码微信为主流视觉导向。下面详细介绍一些借助新浪微博账号推广微信公众号的具体方法。

(1) 在可能的所有微博账号上发布微信公众号的信息并置顶。

(2) 将微信公众号的二维码作为新浪微博的背景模板,吸引粉丝关注。

(3) 在微博账户上发布一些活动,吸引粉丝扫描微信公众号的二维码,成为微信公众号的粉丝。

(4) 在微博上不定时地发布一些有关微信公众号相关活动的信息,吸引用户转移到微信公众号上参与活动。

(5) 在微博上积极地与粉丝进行互动,利用粉丝宣传自己的微信公众号。

8.4.2 微信摇一摇

"摇一摇"是微信内的一个随机交友应用。点击"摇一摇"菜单后,只要摇动手机或点击按钮模拟摇一摇,就可以找到同一时间摇动手机的微信用户。这个应用能够把陌生人之间的距离拉近,通过交流变成朋友。细想一下这种交友方式,是不是可以做宣传呢?

想要使用"摇一摇"应用,第一步需要启动微信,将页面切换到"发现"界面,然后点击"摇一摇"功能,就能摇人、摇音乐、摇电视节目了,如图8-14所示。

由于微信不像QQ那样可以随意添加好友,所以"摇一摇"变成了一种添加好友的新模式。运营者想要让朋友圈内聚满人气,就需要通过各种方法来添加好友。对于无限次的摇一摇,也是添加好友的好方法。当摇出好友后,可以在"摇一摇"内与他聊天,通过短暂的接触将对方添加为好友,这时对方就可以通过朋友圈来了解你微信公众平台上的内容了。如果内容非常吸引他,他自然就会成为平台上的粉丝。

图 8-14

使用微信"摇一摇"功能添加好友时,微信号上的内容最好是非常随意的。因为这样会让好友没有警惕性,也不会被他人举报。起初就算聊得来,如果添加好友后发现这是一个专业的营销号,也会让好友有一种上当的感觉,他很可能会偷偷地取消关注。因此,运营者可以多申请几个普通的个人微信号,通过与陌生人建立关系达到吸粉的目的。

另外,使用微信号营销的时候,一定不能不断地向好友推荐微信公众平台,这样会让好友产生反感,导致日后有好的活动推出时也会失去人气。因此,无论何时都应该真诚地交朋友,这才是最好的营销方式,这样的粉丝才能成为平台上的"忠"粉。

8.4.3 更换头像

大多数商家的微信头像都是企业的 LOGO,千篇一律,受众容易产生视觉疲劳,在添加关注时,看到企业头像就会直接略过,这样商家在无形中就错失了很多潜在客户。

针对这种情况,企业或商家可以更换自己的微信公众号头像,如换一个文艺性质的或者是可爱性质的头像,从而让用户在心理上产生好感,进而关注自己的公众号,如图 8-15 所示为中国工商银行的公众号头像。

图 8-15

8.4.4 广告扫一扫引流

利用微信"扫一扫"功能将文案与公众号植入到广告中。掌握企业或商家最新产品的动态信息，进而关注商家的公众号，成为企业或商家的粉丝。如图 8-16 所示为公众号二维码。

图 8-16

8.4.5 活动推广

"无活动、不营销"，这是商业一贯秉承的营销理念。但是大家都知道，单纯的广告植入不仅难以吸引更多受众，甚至有可能给受众带来反感。这样的推广，相应的关注度和阅读率一般都是很低的。因此，企业要想利用微信来吸引更多的粉丝，一定要注重企业的活动推广。

企业在微信上做活动，一般是用赠送礼品的方式吸引用户关注，或者是以折扣和奖品来鼓励用户帮忙推广微信账号，让身边的朋友来关注，如图 8-17 所示。需要注意的是，设计推广活动需要利用一定的时机和技巧，要适度使用。

图 8-17

8.4.6 合作互推

随着微信的不断发展，更多的企业会选择微信进行互推。那么，在微信互推的过程中，找到一个合适的互推对象是很重要的。当然，企业或商家也应该具备一定的粉丝号召力，只有这样，才能使双方达到共赢。下面详细介绍一些合作互推的方法。

(1) 通过资源互换实现互推，例如，企业可以将合作对象分享的高质量图文信息转发到自己的公众号上，吸引粉丝阅读和关注，进而增加合作对象的粉丝数量。
(2) 关键字回复资源互换。
(3) 文章链接资源互换。

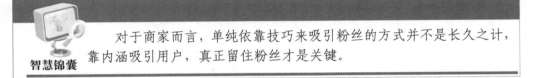

智慧锦囊：对于商家而言，单纯依靠技巧来吸引粉丝的方式并不是长久之计，靠内涵吸引用户，真正留住粉丝才是关键。

8.4.7 传统媒体推广

传统媒体推广具有高投资、低回报的特点，虽然并不能确保每一个投放出去的广告都能收到收益，但是广告的投放还是必需的。企业和商家不应放过任何一个潜在的可能。企业或商家进行传统媒体推广的具体流程，如图8-18所示。

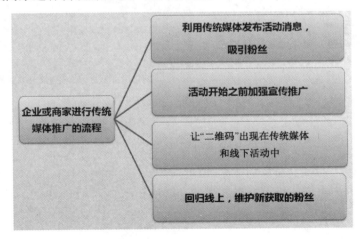

图 8-18

8.5 粉丝运营

本节导读 随着粉丝经济的不断发展,对于企业或商家来说,粉丝运营也越来越重要了,它甚至关系到某类产品或品牌的生死存亡。因此,在进行粉丝运营时,一定要考虑到粉丝是否能从中获得价值或者是用户想要的服务体验。只有这样,这个平台才能对粉丝产生持久的吸引力。本节将详细介绍有关粉丝运营的相关知识。

8.5.1 使用网络工具,增强粉丝凝聚力

随着移动互联网的不断发展,各种新媒体平台也开始横扫大街小巷,走进更多普通人的生活中。但是,各种新媒体平台也因此铺天卷地而来,无疑也影响了粉丝对平台的忠诚度。

因此,对于企业来说,粉丝的凝聚力一直是企业发展的一大难题。那么,企业该如何增强粉丝的凝聚力呢?下面对企业增强粉丝凝聚力的方法进行图解分析,如图 8-19 所示。

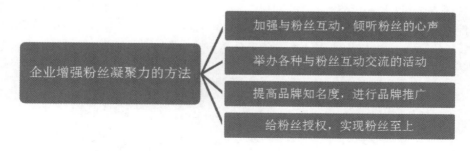

图 8-19

一般来说,粉丝较高的凝聚力会给品牌带来更高的影响力。从外在来看,粉丝的凝聚力主要表现在粉丝对品牌的热爱度以及荣誉感上,是粉丝对品牌向心力的一种表现;从内在来看,粉丝的凝聚力主要表现在粉丝之间的融合度以及亲和力,有利于缩短企业与粉丝的磨合期,进而提高品牌的知名度和影响力。

8.5.2 加强与粉丝的互动,增加粉丝的基础

众所周知,在微信或微博平台上,加强与粉丝的互动是增加人气、打造真实粉丝的重要方法。加强与粉丝的互动,是增加粉丝的基础。微信、微博等平台有很多种与

粉丝互动的方式，下面进行图解分析，如图 8-20 所示。

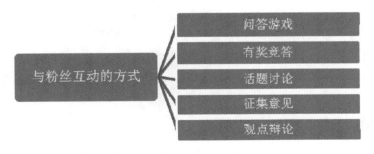

图 8-20

总而言之，在微博、微信等平台上与粉丝互动的方式是多种多样的，企业或商家要学会巧妙地运用各种技巧与粉丝进行互动。在此基础上，听取并收集粉丝的意见也是非常重要的。这不仅是对粉丝的一种尊重，也是了解粉丝需求，进而调整营销策略的重要方法。

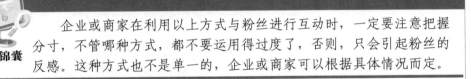

智慧锦囊：企业或商家在利用以上方式与粉丝进行互动时，一定要注意把握分寸，不管哪种方式，都不要运用得过度了，否则，只会引起粉丝的反感。这种方式也不是单一的，企业或商家可以根据具体情况而定。

8.5.3 互联网时代，如何运营好自己的粉丝

在互联网时代，粉丝运营方式是可以移植到产品运营中的，让核心用户感受到品牌的价值与产品的魅力，让他们从普通用户转化为产品粉丝，为产品的后续发展提供强有力的动力。如何运营好自己的粉丝，这里总结出几点，如图 8-21 所示。

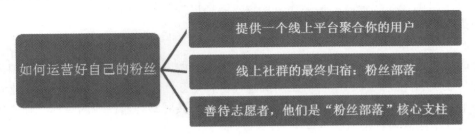

图 8-21

1. 提供一个线上平台聚合你的用户

"米粉"和"煤油"通过官方论坛进行聚合；通过 QQ 群、新浪微群对用户进行聚合；运营粉丝最基本的一条就是提供一个线上平台供自己的用户进行交流，同时产品团队可以通过这个平台不断地接触到最真实的用户，透过他们进行产品测试、产品角色构建、需求分析等工作，通过线上平台，运营者可以做很多运营粉丝的事情。所以，请建立好自己的线上平台，聚合自己的用户。

2. 线上社群的最终归宿：粉丝部落

"部落"原意是指原始社会，因为血缘较近的关系居住在一起，并共同生活的团体。在互联网时代，"部落"是指因为共同爱好或兴趣集结在某个社交平台上的用户，他们在平台上分享关于兴趣或爱好的点点滴滴。

在互联网时代，真正的"粉丝部落"应该是线上交流与线下活动相结合的组织，只有这样，运营者才有足够的力量去撬动你的粉丝，让他们为自己的产品提供助力。

3. 善待志愿者，他们是"粉丝部落"核心支柱

志愿者最大的特点就是没有报酬，没有所谓的雇佣关系，仅仅是因为认同你的产品理念进而希望能为自己热爱的产品做点事情，例如，奥运志愿者、助教义工以及最原始的论坛版主。

志愿者是"粉丝部落"的重要构成，通过志愿者，运营者的部落能形成一个小型社交圈，通过一个个线下活动可以构建出更大范围的社交圈，而这种圈子会通过各种人与人的链接，最终连成一片。同时，运营者也可以将许多工作外包给这批志愿者，让自己专注于最核心的地方：产品价值与产品魅力。只要产品价值与产品魅力不褪色，运营者就能持续不断地吸收新用户，获取新粉丝，形成一个"粉丝部落"的循环。与志愿者交流要遵循以下两个原则。

1) 不强迫

志愿者不是你的员工，他没有义务帮你做事情，所以不强迫是一个非常大的前提。一旦出现强迫的事情，就意味着你将丢失这位志愿者，所以，请记住："粉丝部落"是一个靠权威维持的社群。

2) 成就感

成就感是维持一个稳定团队的核心，这个团队做出来的事情有意义、有价值才能让团队成员感觉到成就感。所以在团队建设上，不断回顾过去的成果是一个非常重要的环节。而在"粉丝部落"中则需要侧重宣传大家共同参与而达成的目标，让大家觉得加入这个团队是有价值、有意义的。

8.5.4 百万粉丝的运营秘诀

在互联网时代,粉丝经济快速发展,企业或商家纷纷开始重视粉丝的力量。很多人都在寻找,那些运营得好的微信公众号是怎么达到百万粉丝的?

就百万粉丝来说,小米就是一个典型的例子。小米微信运营的理念是"将微信服务当作一个产品来运营"。其实,小米微信运营也没有特别的秘诀,甚至它的运营部门只有 9 名工作人员。它就是凭借这种理念及坚定的信念一步一步地走过来的,如图 8-22 所示为小米微信公众号界面及小米微商城。

图 8-22

一般的企业粉丝可能没有小米这样多,但是,只要不断地加强与粉丝的互动,随时调整自己的运营策略,也一定会积累大量的粉丝的。因此,企业一定要加强与粉丝的互动,甚至可以进行多平台的互动,以获取更多的粉丝。

8.5.5 超越粉丝的期望值,真正地打动粉丝

现如今,随着信息碎片化的发展,很多东西变得泛滥不堪。但是,能真正触动人内心的东西却越来越少了。因此,企业进行粉丝营销也越来越难了。据了解,只有那些能够超越粉丝预期的东西才能够真正地吸引粉丝,能够为粉丝提供超出预期的体验才能真正地打动粉丝。

微信公众号墨迹天气在这方面就做得比较好。它独创了很多既实用又有特色的功能，比如那个能够给你穿衣提示的小人，以及时景功能等，将天气播报做到了极致。如图 8-23 所示为墨迹天气 App 界面。

图 8-23

智慧锦囊 企业在对粉丝进行营销时，一定要达到甚至超过粉丝的期望值，只有这样，才能获得粉丝的满意。

8.5.6 电商营销如何玩转粉丝运营

很多人认为做好引流，有了流量就会给商家店面带来一定的曝光，但是流量是一个可操作的产物，就算精准度再高，那也只是流量，没有一个好的运营，流量始终只是流量，精准流量最后也会变成泛流量。

电商营销过程中首要考虑的因素是什么？答案就是产品。如果将产品比喻为大树的根系，支撑着大树在地上成长而不受环境的侵害。但想要让我们的大树长成参天大树，其养分就是存在于我们身边的粉丝群体所给予我们的。重视粉丝的运营，才能让营销这件事成立。所以要想电商营销长久地走下去，一定要学会玩转粉丝运营。下面详细介绍几种粉丝运营的技巧。

1. 店铺前端设计及文案的重要性

可能很多人将工作的重心放在了产品和用户之上,往往忽略了用户与自己的店铺,很多人对店铺产生第一印象的地方就是店铺的主页,那么在这种情况下,首先要注意的就是自己店铺前端主页的设计,其美工的特点就是需要做到足够吸引人并且做到不臃肿即可。

大家逛商城如果不是目的性很强,以更随意的心态去逛的话,色彩鲜艳、画面更丰富的商品更吸引人的眼球,但这并不是说要你把商城装扮的花里胡哨,更多的是要有美观性和产品特色。

而文案更重要,通过简洁的文字让用户清晰明了地了解到我们的店铺优势在哪儿,主要销售的产品在哪儿,而且对于目前的活动又是什么。完善前端的搭建为我们后期的运营和操作提供了更方便的场景和条件。

2. 客服环节同样可以出彩

客服环节也常常是在粉丝运营过程中被人忽略的一个环节,但是客服环节对于粉丝群体的影响却十分巨大,因为当粉丝群体与我们的店铺产生产品购买订单时,避免不了的就是产品可能会出现一定的问题和未满足用户购买预期时的销售情况。

不过在这种情况下,就需要客服来帮助我们进行销售环节的调解和更改。规范化的客服服务同样也可以为我们带来更多出彩的粉丝运营办法,如图 8-24 所示。

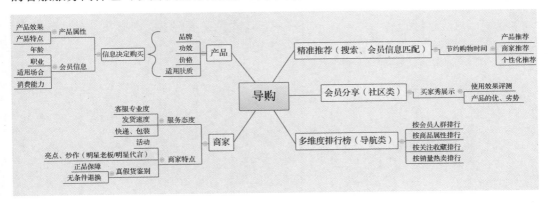

图 8-24

3. 多渠道引流至粉丝群

想要自己的粉丝基数持久并且长期增长的话,也可以通过对接不同渠道来实现粉丝引流。在这种引流过程中,需要借助店铺的活动以及产品自身的优势来做更多的文章,让粉丝们了解到自己的商铺与众不同。

第 9 章　新媒体营销策略

在如今的营销传播中，新媒体在品牌营销中所占的份额比重越来越大。越来越多的企业在传统营销的基础上开始关注和实施新媒体营销。通过对新媒体及新媒体营销模式的梳理，提出新媒体营销所存在的问题，并设计相应的对策。

9.1 新媒体品牌营销策略

本节导读　自新媒体出现以来，人们获取信息的方式及企业传播信息的方式都有了很大的改变，无论是信息获取方式还是信息传播渠道都越来越多。企业要想在新媒体环境下做好品牌传播，必须了解新媒体环境下品牌传播的特征，然后制定正确的品牌传播策略，提升品牌传播的效果。

9.1.1 新媒体环境下的品牌传播变化

在微博、微信、社群营销等新媒体的影响下，国内的媒体环境发生了很大的变化，企业品牌传播手段的创新要面对更多新的挑战。随着经济全球化的推进，市场竞争日益复杂，企业想要提升自己的竞争力，必须推行合适的品牌战略。

传统媒体在交流、沟通、参与方面存在很多不足，新媒体的出现有效地弥补了这些不足。另外，新媒体凭借可预见的影响力为企业的品牌传播增加了新标志，为其赋予了新特征。新媒体环境下的品牌传播变化，如图 9-1 所示。

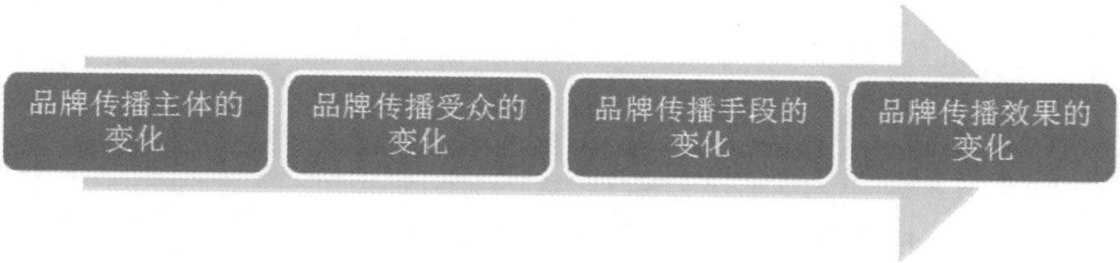

品牌传播主体的变化 → 品牌传播受众的变化 → 品牌传播手段的变化 → 品牌传播效果的变化

图 9-1

1. 品牌传播主体的变化

在新媒体环境中，借助微博、贴吧、社群等网络平台，人人都能发表自己对某个品牌、某个事件的观点和看法。在这种情况下，人人都能成为传播主体，使得传播主体得以大幅拓展，引发了以下两种结果。

（1）大量的传播主体可以被企业所用，让企业品牌实现更好地传播。同时，通过这些网络平台或其他互联网渠道，企业可以与消费者直接接触。但是，在传播主体增加的同时，品牌与传播主体的关系也变得越来越复杂，信息量急剧增长，用户的注意力越来越分散，对品牌信息快速、精准地传播造成了一定的制约。

（2）在新媒体环境中，品牌的任何问题都可能通过网络平台曝光，对企业形象、企业发展造成不良影响。

由此可见，新媒体的诞生与发展不仅为品牌传播带来了机遇，也为其带来了一定的风险，是一把双刃剑。为了抵御风险，企业必须不断地提升自己的管理能力，对品牌传播进行有效管理。

2. 品牌传播受众的变化

与传统媒体的受众被动地接受信息不同，新媒体的受众会通过互联网主动搜索信息，发表自己的观点。也就是说，新媒体的受众有着极强的主动性。随着新媒体的出现，反馈渠道逐渐增多，用户的表达空间越来越广。传统品牌的维护、构建都是企业与客户联系、沟通的过程。

3. 品牌传播手段的变化

增强传播手段的融合性可推动企业进行传播整合。现阶段，很多新媒体平台上的媒体属于复合型媒体，在新的传播平台上的形态与传统媒体有很大的不同。新媒体有很多表现形式，如杂志、报刊等传统媒体加入了视听元素后，相较于过去来说，其传播效果要好很多。

4. 品牌传播效果的变化

相对于传统媒体，新媒体环境下的品牌传播可以更全面。针对网络媒体的可控性强的特点，企业必须实时控制品牌的展示内容，并借助动态 Web 中的内容管理系统，对品牌的展示页面进行实时更新，让品牌的定位更加及时、精准。

9.1.2 新媒体时代品牌营销传播的特点

新媒体是在传统媒体的基础上发展而来的，是基于互联网以及新兴信息技术发展起来的数字化媒体。新媒体利用数字技术、网络技术等使得信息的传播更加形象化、具体化和精准化。新媒体由于其高性价比、高精准到达、推广方便、渠道广、丰富的形式、较强的互动性等被形象地称为"第五媒体"。新媒体时代下，品牌营销传播的特点，如图9-2所示。下面对新媒体时代下的品牌营销传播的特点进行具体分析。

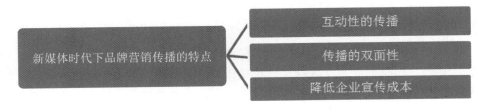

图 9-2

1. 互动性的传播

在互联网时代，与传统的电视、报纸、杂志相比，新媒体最大的特点就是交互性，企业借助微信、博客、微博、贴吧、直播视频等新媒体平台，进行品牌传播与策划，并根据大数据对这些社交平台上的用户数据信息进行分析，了解不同客户的需求，结合自身品牌的特点，有针对性地为客户提供优质的服务和体验，最终达到宣传品牌的效果。这种互动传播方式使企业与客户直接进行有效沟通，突破时间、地域的限制，不仅缩短了企业与客户的距离，而且便于企业宣传自己的品牌。

2. 传播的双面性

互联网时代，信息传播速度快、扩散快、受众广泛，一旦获得受众的喜爱，品牌的影响力和特点很快就会被更多人关注。但值得注意的是，互联网信息传播是一把双刃剑，除了将优良的产品、良好的企业品牌传播出去外，也会将企业的负面信息传播出去。一旦企业负面消息被传播出去，企业应及时采取应对措施，对负面消息进行遏制和消除。因此，企业要想获得正面的、有影响力的宣传效果，还必须提高自身品牌的质量和企业的综合实力，正所谓"打铁还需自身硬"。

3. 降低企业宣传成本

通过传统媒体投放广告，进行品牌宣传，企业需要支付大量的广告费用，但传统的品牌宣传不具针对性，且无法做到精准投放。新媒体时代下，品牌的宣传几乎是零费用或者极少的费用，品牌传播可以利用大数据对用户的特征进行分析，精确地计算出广告阅读量，然后有针对性地进行精准营销，针对网络传播的多样性和多渠道，有效地降低品牌传播的广告成本，减少企业支出，提高传播效率，从而扩大企业的知名度。

9.1.3 新媒体在品牌营销上的优势

在互联网时代，新媒体营销的优势愈加明显。中小企业可以借助新媒体营销进行有效的信息推广，通过发挥优势资源的力量推动自身的发展。新媒体在品牌营销上的主要优势有以下几点，如图9-3所示。

1. 促进企业与用户之间的高效互动

在互动性方面，新媒体比传统媒体更有优势。企业在推广期间可利用网络平台与用户展开互动，根据用户的反馈内容与其展开双向交流，帮助用户解决问题，同时服务多个用户，当用户对产品或服务提出疑问时，企业能够快速地做出反应，纠正自身存在的问题，使用户认可自己的产品。

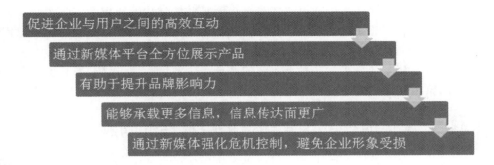

图 9-3

2. 通过媒体平台全方位展示产品

利用网络媒体进行广告设计时,企业能够以多种方式(如文字、图片、音频、视频等)全面展示产品以及品牌的信息。当用户看到自己想要的产品时,可以点击平台中的链接,浏览产品各方面的信息,用户即使不到实体店,也能够对产品的信息进行全方位地了解,企业也可以省去向用户发放样品的成本。

3. 有助于提升品牌影响力

企业要想获得长远发展,就要注重自身形象的建立,而借助新媒体不仅能在更短的时间内给用户留下良好的印象,还能减少资源浪费。所以,相对于传统媒体,新媒体吸引了更多企业的目光,新媒体营销也成为企业打造自身品牌的重要战略方式。

4. 能够承载更多信息,信息传达面更广

从信息承载数量以及传播范围来看,传统媒体的局限性非常大。例如,电视媒体承载的信息量在很大程度上取决于其播出时长,而且它的信息内容仅能传达到当时坐在电视机前的观众。

不同于传统媒体,新媒体平台的信息推广在这方面的局限性很小,只要保持网络畅通,其信息内容就能扩散到全球的各个角落。不仅如此,传达面广也是新媒体的独特优势。以微博为例,企业的信息上传到微博后就能被用户看到,并向企业反馈自己的意见,就某些方面的内容提出问题等。企业则可以及时获取用户的反馈,对用户的评价进行收集与分析。新媒体不仅能够实现大范围的信息覆盖,还能在第一时间传播,用户则可以便捷地接收信息,且无须支付任何费用,以此形成双方之间的有效互动。另外,用户还可以转发信息,从而实现共享,进一步扩大信息的传播范围。

5. 通过新媒体强化危机控制,避免企业形象受损

如今的消费者更注重个性化需求,而不同人的关注点会有所不同,因此,企业无法做到让所有人都满意,其产品或服务可能在某方面没有达到部分消费者的期待,他

们的负面评价经过新媒体平台的迅速传播，可能对其他受众的认识产生影响。在这种情况下，企业形象可能受损。为了弥补这一点，企业不仅要通过传统媒体做出正式的解释，还应在新媒体平台上向广大消费者做出交代。若问题确实存在，则应承认错误，让消费者了解客观事实，并看到企业的诚意，企业也能通过这种方式重新塑造良好的企业形象，强化危机控制，避免情况继续恶化。

9.1.4 新媒体时代品牌营销传播中存在的问题

对于企业来讲，新媒体环境的形成所带来的传播价值是十分宝贵的，它能给企业进行品牌营销带来许多表层与深层的利益点。当然，新媒体环境对于品牌营销也存在消极影响。

1. 缺乏对品牌营销的重视

由于大部分企业的规模不大，资源匮乏，经济实力不强，导致了企业缺乏做品牌营销的经济支持，所以忽略了品牌建设与营销传播的重要性。其次，随着企业规模的不断扩张，企业之间的竞争越来越激烈，很多企业会通过"价格战"的策略来提高自己的市场份额，认为企业品牌的营销需等企业有一定的实力后再进行，忽视了企业品牌的建设是一个长期持续的过程。

2. 营销观念墨守成规

面临日新月异的市场营销环境，很多企业家思想保守、陈旧，营销观念落后，不敢尝试新东西，采用传统的单一的营销策略，市场营销活动时缺乏新意，不能采用多元化的营销的方式、借助新媒体更新企业的营销手段，严重影响了企业的发展，使企业的营销活动受阻，企业的品牌营销也很难得到有效的开展。

3. 营销宣传定位混乱、方法不得当

企业的决策人有跟风思想，完全忽视了自身品牌的定位，自己的品牌是否适合在这个平台发展，哪里流量火爆就去哪里营销，别人怎么营销我就怎么学，完全不考虑营销方法是否适合自己等问题。这种短暂的、快速的营销会阻碍企业长远的发展。

4. 企业缺乏专业的新媒体人才

新媒体的快速发展，技术革新致使新媒体行业的人员十分紧缺，而专业人才的紧缺也导致了企业品牌营销无法在新媒体运营方面做到最好。新媒体的主要人才还是来自于高校的专业毕业生，但在新媒体发展初期，开设新媒体专业课程的高校并不是很多，所以人才对于企业来说是供不应求的。目前很多企业的新媒体员工都是从传统媒体转换而来的，所以这就存在着一些技术和认识上的不足，理念和技术均佳的新媒体

营销人才缺口很大，缺乏专业的部门、岗位设置，运作水平可想而知。所以，专业的人才对于企业品牌营销的重要性是不容忽视的，而新媒体方面的专业人才在企业品牌营销过程中担当着"掌舵者"的角色，是企业向新媒体品牌营销转化的中流砥柱。

9.1.5 新媒体环境下品牌营销存在问题的解决对策

新媒体的产生和发展是市场又一次改革的标志，所以如何用新媒体做好品牌营销是十分重要的，企业必须选择适合自己的营销策略，宣传自身品牌，从而最大程度地提升企业的利益，让品牌能够长久地发展下去。面对新媒体环境下品牌营销存在的问题，下面介绍其解决对策。

1. 事件营销：塑造独特的品牌形象

事件营销是提高品牌知名度的一种主要的营销方式，通俗地讲就是借势，它是指企业利用当下的热点事件，吸引社会团体的关注，包括媒体、消费者等，以追求提高企业的知名度，并且建立良好的企业形象，最终达到产品销售、获取利益的手段或方式。

惠普新品发布会曾经邀请了黄轩作为代言人，在当时，黄轩凭借《亲爱的翻译官》以及一档真人秀节目一炮而红，深受广大年轻女性的喜爱与追捧；而惠普发布的新品 Pavilion 的主要目标消费群体就是年轻女性，所以惠普首先利用黄轩的热度，在微博和微信上发布了相关的话题，引起粉丝的关注，并利用与黄轩的作品有关的话题，从而最大化地利用黄轩的热度，将发布会的预热推向高潮。这次发布会是十分成功的，电脑的销量也得到了很大的提升。通过利用热点事件提高品牌知名度，塑造品牌形象，这便是事件营销的本质所在，而在新媒体环境下更是需要用到互联网等新媒体进行事件营销。

2. 个性营销：引发消费者情感共鸣

受新媒体环境的影响，消费者的消费观念也发生了很大的变化，追求新奇、追求个性便是新媒体时代的消费要求，这就使得企业需要利用个性营销来达到他们的目的。

个性营销比较成功的有加拿大保时捷的广告。保时捷属于高档奢侈品，一般消费者不会选择购买，或许想都不会去想，而加拿大保时捷经销商选择去高档小区挨家挨户发传单广告，独特的就在于每一张传单都是专门为每一家用户设计的"一辆保时捷911 就停在你家门口"，这种方法一方面引起消费者赏车的欲望，另一方面也让保时捷不至于在媒体投放上花费过多。此次营销战，向传统观念做出了挑战，运用独特的营销方式来彰显品牌的个性。所以，个性营销并不只是利用新媒体去进行，新媒体只是一种媒介，它是负责帮助品牌，将品牌所要传达的个性要求传递给消费者，这就是在新媒体时代消费者的需求产物。

3. 网络营销：迎合新媒体营销趋势

网络营销借助网络将信息传达给消费者，引起他们的关注，从而满足企业的营销目标，包括搜索引擎营销、微博、微信营销等。

网络营销比较有名的就是 ALS 冰桶挑战，这个活动由国外发出，经由中国的网络社交平台大量转发。挑战完成者可指定下一位挑战者，而被选中的人则必须要在 24 小时内将自己挑战的全过程放在网上，否则就需要捐赠 100 美元，这些视频基本是在微信或微博上传播的，通过网络营销的方式带动人们关注"肌肉萎缩性侧索硬化症"的人群，同时也是一种为对抗疾病人群募捐的形式。此外，直播也成为一种新型的大众交流平台，不管是微博直播，还是小咖秀、映客直播等平台，其实都是人们通过网络进行的一种自我营销，当下比较主流的是游戏直播和美妆直播，通过利用当下的大众主流吸引观众，从而达到自我营销、提高自身知名度、最终实现利益转换的目标。

4. 互动营销：加大消费者体验力度

消费者体验是最终决定购买的最重要因素，产品体验的好与坏直接决定了产品是否能进行销售，品牌是否能够导入市场。互动营销则是专门为了提供消费者体验而进行的营销方式。互动营销是一种软营销的方式，它通过设置装置供人们去体验，在无形中传达出品牌及产品信息。互动营销并不都是直接销售，正常情况下，品牌通过互动营销的方式，让参与者直接或间接地体验到产品，感受产品能给他们带来的好处，从而让品牌与产品形象在人们心中根深蒂固，最后促使消费者进行购买。

例如，Zespri 奇异果在上海五角场搭建了大型游乐装置，人们在体验完了装置后还能兑换到 Zespri 奇异果或其他礼品。而这种营销方式因为区别于传统的硬性营销方式而且让消费者直接体验到了产品，因而更容易被消费者接受。

9.1.6 利用新媒体进行品牌营销

新媒体时代背景下，仅仅依靠传统的电视广播、平面广告等方式进行品牌营销传播显然无法满足时代发展的需要。在信息技术和互联网技术不断发展的推动下，现如今微博、微信、微电影等新媒体的品牌营销方式发挥的作用越来越重要。利用自媒体进行品牌营销的好处，是容易出现品牌裂变式的传播效果。新媒体使得人人都有了麦克风，一旦发现有好货，人们就会不约而同地分享。朋友圈、贴吧、论坛、自媒体账号，每一个分享都是一个很温情的口碑广告，更容易被其他人接受和认可，品牌裂变式的效果就这样产生了。

新媒体给品牌广告传播带来了机遇，在现今新媒体迅猛发展的大潮流下，企业应通过准确定位新媒体，注重创意、艺术与新媒体的结合，深入挖掘受众需求等途径，实现品牌的营销。那么具体该如何进行呢？如图 9-4 所示。

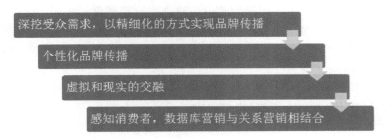

图 9-4

1. 深挖受众需求，以精细化的方式实现品牌传播

随着新媒体的发展，人们的注意力被分散，从前那种一家人聚在一起看电视、几个人合看一份报纸的情况已经越来越少。哪怕是拥有了 5 亿活跃用户的微信也不得不和各个订阅号分摊受众。受众已不再是被动接受，而更多的是主动选择。所以要让品牌传播广告达到理想效果，企业应该将广告受众精细化划分，并深入挖掘受众媒体接触的特性与需求。

2. 个性化品牌传播

新媒体文化下的品牌，传播的方式多种多样，层出不穷。要想在众多品牌中脱颖而出，就必须拥有一个让人印象深刻的传播方式。相对于传统媒体的传播方式，新媒体环境下的消费者更占据了主动性。人们可以通过上网进入品牌的店内，了解品牌的文化、发展历程，以及最新的品牌咨询。同时，可以通过网上留言评价对品牌的质量进行相关的回馈。这样的媒体渠道，更能体现出品牌在新媒体环境下的个性化特征。

3. 虚拟和现实的交融

新媒体时代，虚拟与现实之间有了融合的极大可能。对于品牌传播而言，品牌的虚拟宣传和现实销售有了更直接、更自然的对接，从线上到线下，品牌营销需要更加立体化。新媒体让人重回现实，受众有更多的机会在户外活动而不必担心错过媒介内容，因此户外广告的重要性日趋重要。户外在创作上尽量要有独特的表现，只有这样才能激发受众将现实中的户外广告分享到线上虚拟世界，形成更大范围的传播。

4. 感知消费者，数据库营销与关系营销相结合

新媒体环境下的消费者较之以往更具有主动性和辨别力，他们依据自己的感性与理性收集信息，在更广阔的市场范围内整合有效资源，消费者要求更多的媒介组合提供对位的服务。数据库营销，又称数据驱动式沟通，是通过一个给予公司交互式记忆的数据库系统来实现管理的。品牌传播的首要目标是确认哪些人是其顾客，数据库有

利于顾客身份识别和行为解释。关系营销是在一种利益之下建立、维持、巩固与消费者及其他参与者的关系。关系营销的关键是建立顾客忠诚度，按照帕累托的 80/20 法则，企业 80%的销售业绩来自于 20%顾客的重复购买，而开发一个新的顾客的费用是保持一个老顾客的 4～6 倍。顾客忠诚度高的品牌，其品牌传播累积声誉，这样的品牌在竞争市场中最具竞争力。

9.2 新媒体广告营销策略

本节导读　随着互联网的发展，新媒体的发展日新月异。新媒体广告的传播方式和营销策略与传统媒体相比，有着本质化差异。本节将介绍新媒体广告的主要特点、新媒体在广告营销中的应用，并介绍互联网背景下新媒体广告的营销策略。

9.2.1 新媒体广告的主要特点

随着用户不断地转向小众化、细分化，信息的传播和获取也越来越呈现碎片化、个性化的特征。在这一背景下，媒介的广告理念必须从"广"变为"精"，即精准定位目标受众，有针对性地投放广告，从而有效地吸引受众的注意力，实现"准而告之"。对广告主来说，理想的状态是获取广告信息的人就是关注该信息、对该信息有所需求的人，即供需两端实现精准匹配，达到最佳的广告效果。与传统媒体广告相比，新媒体广告呈现以下特点，如图 9-5 所示。

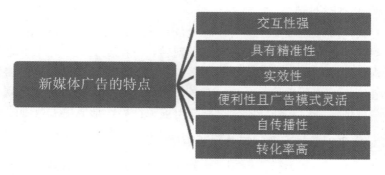

图 9-5

1. 交互性强

与传统媒体单向发送来等鱼上钩这种模式相比，新媒体使用的是按需推送，受众可以通过各种渠道主动获取所需的广告信息。比如说通过引擎搜索来搜寻，或者通过专卖店网站来检索。

2. 具有精准性

当用户自己需要某些广告的时候，新媒体会过滤掉许多与搜索内容无关的广告内容，从而达到由需求带入广告的精准性。

3. 实效性

报纸、杂志的广告内容基本无法做到实效性，除了发行时的一段时间，之后这些广告将成为历史，也无人会关注。而新媒体广告用户的主动性，互联网引擎本身的时间优先性，使得新媒体给用户的信息都是最近的。

4. 便利性且广告模式灵活

互联网广告无处不在，可以在你的手机里、电脑上、接头的 LED 大屏幕、地铁里，只需要打开你手头上的屏幕，如手机、平板电脑等，这些都是随身携带的。可以通过点击付费，关注付费等形式，而不是数人流量这种粗犷的方式。

5. 自传播性

通过新媒体方式发布的广告，能够被受众自我传播、自我复制，达到更大的受众面。

6. 转化率高

转化率就是从广告变成成交的概率，和传统媒体相比，新媒体广告连接的是强大的电商平台，迅捷的成交过程、方便的物流过程，还没等兴奋衰减，已经支付完成了。之后就是该受众会进行更兴奋的自我修复过程，分享、朋友圈。

9.2.2 新媒体在广告营销中的应用

新媒体广告的投放渠道有 3 种，其表现形式及优势主要体现在以下几个方面。

1. 户外新媒体

户外新媒体的具体形式有户外视频、户外触摸、户外投影灯。这类广告投放方式注重对互动元素的引入，从而吸引目标受众的注意力，发挥媒体平台的传播优势。

2. 移动新媒体

以移动电视、车载电视、地铁电视等为主要表现形式，通过移动电视节目的包装设计，来增加受众黏性，便于广告投放。

3. 手机新媒体

手机媒体是到目前为止所有媒体形式中最具普及性、最快捷、最方便并具有一定强制性的平台，它的发展空间将非常巨大。进入 4G 时代后，手机新媒体的应用会得到更大范围的普及，成为人们日常生活中获取信息的重要渠道。

伴随着社会的进步与发展，新媒体营销价值也日渐显露，受到众多广告主的追捧。不过新媒体并不能成为传统媒体的替代品，它与传统媒体应该相互补充，而不是彼此分割的对立关系。

9.2.3 新媒体广告的营销策略

新媒体广告在互联网背景下，广告的内容更加丰富，形式更加多样，在广告信息的传播过程中形成了更大的优势。新媒体为广告营销提供了广阔的发展平台，运营者在运用新媒体广告营销策略的同时，也要不断地对广告营销策略进行优化，对其传播方式加以完善，进而促进品牌价值的有效提升。下面介绍一些新媒体广告的营销策略。

1. 叙事营销策略

新媒体相对于传统媒体来说，具有多媒体和互动性的特点，但是传统媒体中的叙事方式仍然具有应用的空间和效率。比如微电影广告，微电影中通过 30 分钟以内的时间对精彩的故事进行浓缩，并在故事中渗透某产品或者某个品牌的形象或者理念，从而实现对产品和品牌的推广。这种微电影广告的播放方式可以通过手机、电脑等利用互联网进行传播，进而打破受众在时间和空间上的限制，可以在任何有网络的地方随时播放，同时还可以通过微博、微信等进行转发和评价。比如"筷子兄弟"在《老男孩》微电影中推广了雪佛兰品牌；宝洁在母亲节推广了其成立 174 年来第一次大规模的营销活动，通过与百度联手，举办了以"感谢妈妈，用爱跨越距离"为主题的品牌专区活动，同时在活动的页面上对宝洁品牌的产品和信息进行了展示，同时这个主题还结合了百度贴吧、百度地图等，进而使用户可以通过电脑以及手机终端等参与到活动中，实现对母亲的祝福和感谢。

同时，在这次活动中百度推出了一个微电影，其中讲述单亲母子的成长过程，以及儿子长大后离开母亲、母亲关注儿子的过程，最后在通过继父的留言得知母亲为自己所做的一切后，儿子终于明白母爱就在身边。在微电影的最后，又通过文字的方式总结了当前空巢老人的现状，同时给出子女们母亲节的建议，期望可以通过电话、拥抱以及一束康乃馨来用爱跨越距离。这个微电影广告感动了无数网友，也吸引了无数网友的注意，引发近 400 万网友的留言和祝福，通过这种情感共鸣的叙事方式，使得新媒体广告逐渐从一般认知记忆逐渐转移到个性心理记忆的方向，实现对信息的互动和整合，满足大众的一般心理诉求，注重人类的文化心理传播，进而实现更好的营销效应。

2. 饥饿营销策略

饥饿营销策略主要用于商品以及服务的推广，指的是产品的供应者刻意地采用低产量的方式来调控供求关系，从而在商品的销售中呈现一种供不应求的情况。而产品和服务饥饿营销方式的应用还需要基于产品自身，必须保证产品或者服务需要足够吸引消费者，然后通过这种饥饿营销的方式提升产品的附加值，提升其在公众心中的形象，激发受众的购买欲望，从而为产品后期的销售奠定基础。

比如小米手机，其在售卖前通过宣传造势为后期的销售做足了铺垫，同时利用官网、论坛以及微博等加强对小米手机的宣传，进而利用其高性价比的优势吸引粉丝的好奇心，进而培养一批忠实的"米粉"。然后制造供不应求的假象，采取限量销售的方式，提升抢购的热度。在供不应求后，没有因此而提升价格，从而更提升了其在人们心中的形象。

3. 病毒式营销策略

病毒式营销是基于广告受众的人际网络，利用广告受众的朋友圈层达到推广相应品牌信息的目的。病毒式营销具备快速复制、广泛传播的特征，这种传播方式能加深广告受众对广告产品的印象。病毒式营销是新媒体广告营销策略最常见的形式，对广告产品而言，利用病毒式营销更容易使消费者对其印象深刻，甚至产生热门话题，助力广告传播。

9.3 新媒体短视频营销策略

本节导读　随着移动互联技术的快速发展、智能移动终端的普及，新媒体时代已然到来。类似微信、微博、移动 App 等新媒体极大地改变了人们的生活和工作方式，也改变了企业传统的营销模式。近年来，短视频凭借其制作简单、创意性与趣味性并存等特点迅速赢得了大批用户，而短视频营销也成为当下最炙手可热的营销模式。

9.3.1 短视频营销概述

在信息大爆炸的新媒体时代，普通的文字和图片类信息已无法满足人们对资讯内容的获取需求。此时，短视频凭借其独特的优势——时间短、内容新潮，迅速抓住了人们的眼球。自 2017 年以来，抖音、快手等短视频平台快速发展，不仅占据了人们大量的碎片化时间，也成为各行各业火热开辟的营销渠道。企业如何利用短视频的价值优势开展短视频营销，值得人们深思和探索。

短视频是指在互联网新媒体上进行传播的视频内容，它将文字、图片、语音和视频融合，生动形象地向用户传递内容，一般视频时长在几十秒到几分钟之间。短视频营销则是企业利用短视频来开展企业的营销宣传活动。短视频宣传性价比高，不仅可以连接消费者与企业品牌，实现企业信息的传播，也容易让消费者接受并进行二次传播。可见，短视频营销是新媒体时代进行营销宣传的强有力武器。

9.3.2 短视频营销的特点

短视频营销的特点主要有以下几个方面，如图 9-6 所示。

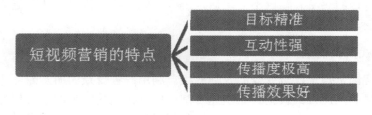

图 9-6

1. 目标精准

短视频平台利用大数据向用户推荐适合的内容和商品，帮助企业从海量的用户中筛选出潜在的目标客户，将广告信息准确地传递给他们，实现精准营销。

2. 互动性强

用户可通过点赞、评论、关注、转发等平台功能与视频发布方或其他用户进行互动。

3. 传播度极高

在短视频平台上，每一位用户都是一个传播点，可以随时随地观看并分享，所以某些爆款视频能够在短时间内被大量转发，传播速度快、范围广。

4. 传播效果好

短视频拍摄可使用美颜、视觉特效、小游戏等技术，这使得视频更具有吸引力，更容易引发用户情感共鸣，这是传统的文字、图片等宣传方式无法实现的，所以传播效果好。

9.3.3 短视频营销方式

任何行业的发展都离不开营销,现在很多企业也想采用短视频营销,但是大多对于这种营销模式还不是很了解。短视频营销方式主要有以下几种,如图 9-7 所示。

图 9-7

1. 品牌自主录制短视频

品牌主动参与短视频制作,在企业官网进行短视频推送或者在短视频移动平台进行推送。这里主要讨论后者,即企业或个人在短视频平台上注册账号,根据营销和宣传计划,定期发布短视频造势,达到吸引用户注意并进行互动的目的。企业主要是依靠短视频平台本身巨大的关注度和影响力,可以最大限度地实现产品曝光率,达到营销效果。

2. 短视频病毒式营销

短视频病毒式营销主要有两种类型:一种主要依赖于用户的第三方分享,用户在看到引起共鸣的短视频以后,自发评论、转发及分享到其他社交平台,进而达到多次传播;另一种则是通过吸引人的固定主题或相同背景的音乐,进行相似但内容不相同的视频录制,内容虽不同,但标题和音乐却能在第一时间迅速得到用户的关注。以上都是引发短视频病毒式营销的条件。

3. 植入式短视频营销

消费者对单纯的广告有天然的抵触心理,且都会选择跳过。紧随情怀故事性的广告内容之后,植入式的短视频营销取得了不错的成效,硬性植入出现的方式比较直接,并不考虑观众的感受,亲和力比较差,而商家把广告语和产品顺其自然地植入到短视频内容中,或搞笑或感动,并不会让用户反感,相反会让其不知不觉地产生体验的意愿和兴趣,潜移默化地接受营销信息。

4. 用户互动创意短视频

用户互动主要是指用户和商家或短视频平台的互动,一般是指由商家或者品牌发起活动，活动的主题一般与新产品或企业理念相关，并设置奖项，提高用户积极性，吸引大量用户参与活动，自主拍摄短视频，从而逐渐形成热门话题，进而充分利用该话题进行营销活动，实现营销效果。

9.3.4 国内短视频营销的现状及问题

短视频在国内虽然起步较晚，但短视频行业的发展迅猛。截至 2019 年 6 月，我国短视频用户数量已达到 6.48 亿。目前，国内多家互联网企业巨头纷纷进军短视频市场，形成了以今日头条的抖音、西瓜视频、火山小视频，腾讯的快手、腾讯微视、梨视频，新浪的秒拍、小咖秀，美图的美图秀秀、美拍为代表的市场格局。这些应用拥有庞大的用户群。就抖音一个短视频平台，2019 年 7 月的数据显示其日活跃用户数有 3.2 亿。

短视频营销价值很高，用户在观看短视频后受短视频内容的影响，也容易转化为消费行为。很多企业看到了短视频的商业价值，纷纷加入到短视频营销的队伍中。当然企业在进行短视频营销时也存在一些问题，主要有以下几点。

1. 内容低俗化

大多数短视频以搞笑为主，内容通俗简单，容易造成用户的审美疲劳，有些内容恶俗，违反道德甚至相关法律。有些企业为了获取流量和关注，从这些方面入手，而忽略了自身的主题内容。

2. 内容同质化

很多企业在进行短视频制作时缺乏创新意识，喜欢模仿跟风，从而使用户失去兴趣，导致用户流失。

3. 视频制作良莠不齐

虽然短视频火爆，但很多企业却缺乏专业的视频推广团队，没有系统全面的营销策划，也很难达到预期的营销宣传效果。

4. 视频内容缺乏监督管理

现如今网络上短视频的内容涉及情感、工作、生活各个方面，而短视频平台缺乏监督管理机制，企业在进行短视频制作时能否把握住视频的内容底线，是否会触及道德或法律的底线也值得关注。不然一旦出现类似问题，必定会引发广泛的社会影响，对企业形象造成恶劣影响。

9.3.5 短视频营销的策略

短视频的营销策略无论是对于商业还是对于日常生活来说,两者看起来是没有联系的,但是抖音却很好地将两者联系在了一起。我们在抖音短视频中既可以娱乐,也得到了商业发展,短视频应用的营销策略主要是采用流行化和大众化,服务大众是抖音短视频的目的和初衷,所以一直采用用户创作者一体化的营销策略,也实现了抖音短视频的广泛使用。

针对以上短视频营销中存在的问题,下面从内容、渠道、场景、人才、管理五大维度进行策略分析,具体如图 9-8 所示。

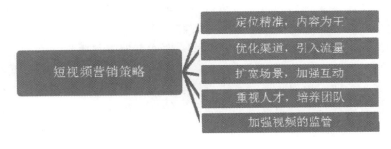

图 9-8

1. 定位精准,内容为王

企业的短视频营销与个人短视频是完全不一样的,企业的短视频主要是为了扩大其品牌知名度、产品曝光度,为企业品牌、产品宣传造势,从而促进销量。所以在进行短视频制作时,首先要精准定位,分析出品牌及产品的卖点;然后明确内容,结合自身的品牌特征,制作符合企业价值观、企业文化的优质视频。不能在网上跟风,什么火就拍什么,传递不了有价值的信息,就背离了企业短视频营销的初衷,久而久之,就容易丢失客户。以网络品牌"李子柒"为例,"李子柒"是依靠短视频走红的顶流网红,她制作的短视频从国内火到国外,点击量达数千万。从内容来看,"李子柒"的短视频都是朴实的生活、日常做饭的点滴,实质上就是用民间传统的方式来制作中国美食,每一帧画面都在润物无声中传播着中华美食文化。新华社、央视、人民日报等权威媒体都点名夸赞她传递着中华文化、彰显自信的力量。她的视频定位精准,内容清晰,制作精美,是优秀的短视频营销典范。

2. 优化渠道,引入流量

有了优质内容、精准定位之后,还要推动视频渗透整个目标市场。所以企业的短视频营销,不能只放在单一的短视频平台上,要注意构建多渠道的营销矩阵,并注意流量的引入。构建营销矩阵就是将短视频营销与已有的微信营销、微博营销、其他线上线下的营销渠道进行整合优化，最大限度地传播企业营销信息，从而达到营销效果最大化。如在抖音上面开设企业短视频账号，建立"两微一抖"，即微博、微信、抖音的营销矩阵，一方面利用原有的微博、微信等公众平台了解用户的最新需求，另一方面与抖音的账号进行互动点赞互推等，时刻与用户保持联系，增加流量、增强用户品牌忠诚度。

3. 扩宽场景，加强互动

现如今"短视频+"逐渐普及，企业的短视频营销要拓宽场景，可与美食、旅游等热门内容结合。一方面，企业要挖掘用户更多使用短视频的场景，关注有效的营销时间，在用户使用需求强烈的时间段将视频营销有效地传递出去。据调研数据显示，短视频用户在睡前、间歇时间段使用频率较高，此时段投放视频，用户会最大限度地关注短视频产品，获取营销内容。另一方面，要注意加强与用户之间的互动，迎合他们的需求，及时调整短视频营销策略方案，增强他们对品牌的信赖感，最终促成购买行为上的转化。企业的短视频要制造热点话题来调动用户参与的积极性，也可以借助一些热门事件做事件营销，如过年期间的拜年短视频等话题，都可以作为很好的视频内容。

4. 重视人才，培养团队

由于短视频营销兴起的时间较短，很多企业对这方面的人才培养不足，专业团队的能力还有待提升，所以必须重视人才的培养及专业团队的建设。短视频的制作涉及内容、创意、表演、拍摄、剪辑等一系列流程，一支专业的短视频制作团队，首先要保证短视频制作人员本身的素质，创新能力、观察能力、文案制作能力都很重要；其次，拍摄必须保证视频高标准高质量，这样的内容才能吸引到更多用户，短视频团队人员也要了解各个短视频平台的特性，提高短视频营销的运营能力；最后，团队人员须具备一定的市场分析能力和市场敏感度，能对企业整体的营销策略进行全面把控。

5. 加强视频的监管

根据前形势，未来对于网络视频的内容的审核规定会更严格。一方面短视频平台本身要加强视频内容的审核，对于违背相关法律法规及社会道德的内容进行处理；另一方面，企业要与短视频平台处理好关系，视频内容要积极向上，要向社会传递正能量、传递正确的价值观。

新媒体时代，人们接收信息的渠道多元化，而短视频营销凭借其"短而快"的价值优势，成为企业重要的营销方式。企业只有定位精准，做出优质内容，并构建完善的营销渠道矩阵，引入流量，加强与用户之间的互动，才能连接消费者与企业品牌，取得理想的营销效果，实现公司的长远目标。

9.3.6 短视频营销展望及建议

抖音短视频采用用户、作者一体化的营销策略，使抖音短视频的发展趋势无线增大，从年轻人的专区扩大到了大众，所以在未来的发展中，短视频的应用会涉及更加广阔的领域。同时抖音短视频的发展趋势如果采用更好的技术和增多功能的话可以满足更多消费者的需求，并且也可以面向更多的消费者，那么短视频的发展趋势就一定会成为最流行的娱乐平台和社交平台，同时也会成为更多商业赞助的品牌平台。对于短视频营销的展望及建议有以下几点。

1. 增加内容创意

在政府和公众的关注下，很多短视频平台出现内容质量低，不符合社会主流价值观的现象，因此，企业在进行短视频营销过程中应主动承担社会责任，在谋取经济利益的同时兼顾社会效益，促进互联网良好风气的形成。在当今时代下，人民的需求日益提高，更加注重短视频的内容。因此，在短短的十几秒的视频中准确完整地表达企业的营销理念，变得尤为重要。一方面不仅要提高内容的质量和丰富程度，内容的创意性也是用户考量的重要因素，决定了顾客对品牌的好评度，企业需要对自身品牌进行深入挖掘，才能生产出独特有创意的内容。

2. 与传统媒体相结合

由于部分企业营销人员对于短视频营销认识不充分、短视频营销渠道缺乏权威性，加之传统的媒体营销手段也需要紧跟市场大潮，突破现有发展领域，在当前环境下，单纯地通过短视频平台或者传统媒体难以保证营销的受众覆盖面，进而影响企业综合效益的提高。通过两种方式的优势整合，发挥短视频营销上述的特点作用和传统媒体行业权威的特性，打造立体化传播平台的模式，优化现有营销组织架构，利用多种营销模式不断优化自身的营销服务，进而促进企业营销能力和综合竞争实力的不断提高。

如"抖音美好奇妙夜"浙江卫视秋季盛典晚会，实际上就是传统电视行业与短视频移动平台的完美融合，经数据统计，当天某品牌的媒体指数大涨，相关话题登上了抖音热搜榜。

3. 注入品牌文化

互联网时代，短视频作为兼具低成本、广传播且有爆发性的营销载体，给企业更好地与用户对话创造了条件，为品牌提供了崭新的内容分发地。因此，挖掘这种社交语言的潜力，为品牌打好消费者基础尤为重要。但是很多企业在利用短视频这一载体进行营销时，忽视了对于产品品牌文化的宣传，而仅仅把关注度放在了视频的颜色光效上面。企业并不一定需要名人才能衬托品牌文化，有些企业过多地专注于宣传形式，企业只有在宣传中融入其品牌文化，才能真正培育顾客忠诚度，取得良好的宣传效果。如"抖音美好奇妙夜"的赢家——爱驰汽车的抖音挑战赛"与爱驰行爱你八十秒"在很好地宣传了品牌文化的同时，也为其进一步宣传做好了前期预热。